音乐节对城市竞争力感知的影响：以中国厦门市为例

游珽钧——著

海峡出版发行集团 | 海峡文艺出版社

图书在版编目(CIP)数据

音乐节对城市竞争力感知的影响:以中国厦门市为例/ 游珽钧著. —福州:海峡文艺出版社,2024.9
ISBN 978-7-5550-3748-4

Ⅰ.① 音… Ⅱ.①游… Ⅲ.①音乐—中国艺术节—影响—城市—竞争力—研究—厦门 Ⅳ.①F299.275.73

中国国家版本馆 CIP 数据核字(2024)第 109096 号

音乐节对城市竞争力感知的影响
——以中国厦门市为例

游珽钧 著
出版人 林 滨
责任编辑 邱戊琴
出版发行 海峡文艺出版社
经 销 福建新华发行(集团)有限责任公司
社 址 福州市东水路 76 号 14 层 邮编 350001
发行部 0591—87536797
印 刷 福建新华联合印务集团有限公司
厂 址 福州市晋安区福兴大道 42 号
开 本 720 毫米×1020 毫米 1/16
字 数 220 千字
印 张 12.25
版 次 2024 年 9 月第 1 版
印 次 2024 年 9 月第 1 次印刷
书 号 ISBN 978-7-5550-3748-4
定 价 49.00 元

前 言

本书旨在探讨音乐节与城市竞争力心理感知之间的关联性，并从音乐节参与者的角度出发，检验音乐节对城市形象和城市竞争力感知的影响。为了验证研究假设，曾对400位厦门音乐节参与者进行调研，采用结构方程模型（SEM）方法进行分析。研究结果显示，音乐节对城市形象产生了积极的影响，即音乐节活动能够提升城市在公众心目中的形象。这种积极的影响又进一步对城市竞争力感知产生了正向作用，即公众认为音乐节能够提升城市的竞争力。此外，我们还发现城市形象在音乐节和城市竞争力感知之间起到了中介作用。也就是说，音乐节通过塑造城市形象来间接影响公众对城市竞争力的感知。这个中介过程说明了音乐节作为一种文化活动对于城市形象和竞争力有着重要的作用。

基于研究，提出以下策略性和实践性的建议。首先，城市管理者和音乐节主办方应携手合作，致力于优化和提升音乐节的整体形象。这包括但不限于提升音乐节的艺术质量和多样性，提供优质的参与体验，以及确保活动的组织和运营高效有序。通过整合各类资源，如当地的文化特色、旅游资源和商业机会，可以将厦门音乐节塑造成一个具有显著品牌效应和广泛影响力的大型活动。这样的品牌化策略不仅能够吸引更多的本地和外地参与者，还有助于提升厦门在全球音乐和文化旅游目的地中的地位。其次，强化音乐节的传播和推广策略是至关重要的。利用传统媒体和新兴数字平台的结合，通过创新的内容创作和营销手段，可扩大音乐节的知名度和影响力。例如，可以通过社交媒体、网络直播、合作伙伴的联合推广等方式，让音乐节的信息触及更广泛的受众群体；还可以通过策划相关的周边活动和互动环节，增强观众的参与度和对音乐节的认同感。再次，应当高度重视音乐节与所在城市的紧密关联性。音乐节不仅是艺术和娱乐的盛会，也是塑造和提升城市形象的重要载体，应通过音乐节的主题设定、场地选择、社区参与等途径，充分展现和弘扬厦门的城市精神和文化特色。音乐节的举办，同时可以推动城市基础设施的改善，促进文化旅游产业的发展，从而进一步提升城市的整体竞争力。为了拓展研究的视野和应用，在领域延伸部分，探讨了本研究对学前教育领域的启示。研究表明，音乐节的成功经验和研究成果对于幼儿音乐教育和旅游活动的设计与实施具有重要参考价值。例如，教育研究者和幼儿园教师可以借鉴音乐节的创新形式和互动模式，设计更具吸引力和教育意义的音乐游戏和活动，激发幼儿对音乐和文化的热爱。又如，城市管理者和政策制定者可以考虑如何将音乐节的理念和实践融入幼儿旅游项目中，为儿童和家庭提供更加丰富和多元的旅游体验。

总之，通过对音乐节与城市竞争力心理感知关系的深入探讨，本书不仅揭示了音乐节在城市发展中的重要角色，也为跨学科的实践和研究提供了有价值的参考。展望未来，期待看到更多的城市和组织能够精心策划和举办更具魅力和影响力的音乐节活动。我坚信，通过持续的努力和创新，音乐节将成为推动城市社会全面发展的重要引擎，为创造更加繁荣、多元和有吸引力的城市环境做出贡献。

目　录

第一章 绪论

第一节 研究背景

Mumford（1961）认为城市是人类文明在地理空间上的汇聚点，具有贮存、传播、交流、创造和发展文化等基本功能。Kotler（1993）认为，世界经济的发展加大了地域间的竞争，某地域能否脱颖而出取得成功，关键是如何通过各种战略性的有效手段推销地域优势。音乐节是一个很好的营销手段，正成为一种新的生活方式融入人们的日常生活，因为音乐是情感体验的产物，源自人的内心活动，反过来又对人的态度、行为产生影响（王婷等，2020）。在有效事件或视觉信息的刺激下，音乐能够唤起更强烈的共鸣（王婷等，2020），影响着人们对城市的印象和感知（苏蓉，2015），进而提升该城市在游客心中的竞争力。

一、城市竞争的现状

首先，全球性竞争深刻影响城市的发展。Herrero（2006）、Paulo 等（2018）提到全球化迫使各城市相互竞争。从世界总体趋势来看，全球化浪潮席卷了世界的每一个角落，不同城市之间的竞争日益激烈。全球性城市竞争使得地方政府以更积极的态度考量自身的发展政策（Kotler，1993）。然而，当今自然资源正慢慢减少，越来越多的城市管理者开始寻求城市发展的新方向（钟婉琪，2015）。

其次，每个城市具有各自的独特属性。每个城市皆有其不同的人文风俗、自然环境，带给人们不同的感受。城市该如何为人们展现自身良好的形象，提高自身在游客心中的竞争力呢？在这种情况下，城市管理者开始根据自身的情况借鉴营销学的理念来经营和管理城市，提升城市形象（钟婉琪，2015）。Kotler（1997）进一步指出，每个城市都需要借由各种营销方式，传达自身优越或特殊的条件，创造独特的城市形象，增加吸引力，提高竞争力（罗汉，2002）。

最后，城市营销是提升城市竞争力感知的重要手段。为了提升城市的国际竞争力，各国透过创意性的城市营销手法，以求塑造各城市的独特形象，形成竞争力，从而促进经济、投资、文化观光的发展等并得到有形无形的效益。当今有许多城市运用媒体宣传，然而“效果但并不直观”（谷园园，2017）。相比之下，音乐节是一个直观且良好的城市营销方式。音乐节无论对于政府发展经济、招商引资，还是对当地居民提高就业率，尤其是对吸引高水平的从业人员、各类机构、游客等都有积极意义。

二、音乐节对城市竞争力感知的现实作用

在城市文化观光中，音乐元素作为柔性的文化元素与软符号，可以淡化赤裸裸的商业竞争，完善城市的物质空间、文化空间，并增进城市的空间引力。音乐作为“声音身份证”，在国际上早已是城市的营销手段。音乐节如果开发适当，可以做到费用低廉、副作用小，比其他一些观光形态更具可持续发展性质（Yi-Ni Tsai，2011）。

音乐节是城市形象建设的新型战略工具（李慧，2014），是影响城市形象的重要的节事之一，是城市众多营销产品中属于城市可持续发展中的标志性节事，在促进城市发展、优化城市中起到了积极而正面的作用（徐颖，2006）。许多城市开始运用音乐节来宣传城市形象，塑造城市形象（谢祥项，2015）。音乐节对举办城市的经济和社会的文化、环境产生巨大影响（曾永华，2009），被广泛视作经济发展的动力；同时，音乐节可以增加城市的吸引力，提高人们对地方的认同，达到更佳的社区和文化融合，为当地的工艺和无形文化遗产提供出路（Vanolo，2008；Robinson，2009）。

从中国国家的大环境来看，官方高度重视文化产业的发展，给音乐节带来发展的环境与土壤。党的十九大报告进一步明确了文化建设在习近平新时代中国特色社会主义的基本定位，指出“文化自信是一个国家，一个民族发展中更基本、更深沉、更持久的力量”。《2017 年中国艺术发展研究报告》指出，中国艺术产业探索新模式在“文艺 + 城市化”“文艺 + 旅游”等方面出现了新的消费模式。今后艺术产品在形态的多样性、市场化及满足不同群体的文化需求方面将更为突出，音乐节、戏剧节、艺术节等将成为演艺市场发展的新趋势，它们将带动地方经济的发展（廖红宇，2019）。2018 年，文化部和国家旅游局合并为“文化和旅游部”。2020 年 1 月 17 日，国家统计局对外公布，经初步核算，2019 年全年中

国国内生产总值（GDP）为 99.0865 万亿元，居世界第二位；人均 GDP 首次站上 1 万美元的新台阶。从上述现象我们可以看出，中国政府的政策支持为音乐节对城市的营销作用提供了良好的发展环境，使目前我国音乐节的市场呈现出蓬勃发展的景象（廖红宇，2019）。如图 1-1 所示，从 2011 年至 2018 年，中国音乐节场次的总体情况稳步提升。

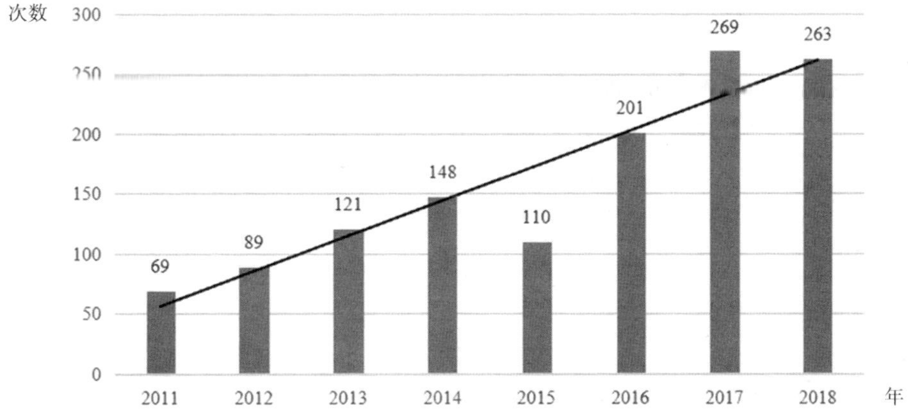

图 1-1 2011—2018 年中国音乐节场次频率

在中国城市中，厦门市是以音乐文化符号建设城市软实力的模范城市。厦门市鼓浪屿素有“钢琴之岛”之称，面积仅 1.88 平方公里，而钢琴人均拥有率却是全国第一，诞生了许多当代著名音乐家。改革开放以来，厦门围绕鼓浪屿“钢琴之岛”主题打造城市名片，塑造城市形象，先后出台《厦门市国民经济和社会发展第十个五年计划纲要》等相关政策，实施了一系列具体措施，如展馆（钢琴博物馆、风琴博物馆等）、教育（厦门大学艺术学院、厦门音乐学校、中央音乐学院鼓浪屿钢琴学校、鼓浪屿音乐厅、宏泰音乐厅等）、艺术活动（鼓浪屿国际钢琴艺术节、中国国际钢琴比赛）、艺术团体（厦门爱乐乐团等）、形象工程（鼓浪屿音乐之岛主题雕塑）等软硬件方面的建设。这些措施丰富了厦门城市文化的内涵，成功塑造了城市形象，深化了文化与旅游相结合的发展，实现了城市营销，提高了厦门在海内外的知名度和影响力。在 2020 年 7 月 31 日发布的“中国副省级城市形象传播影响力报告”（见图 1-2）中显示：中国副省级城市形象美誉度排名，厦门位列第一。自 2010 年开展全国游客满意度调查以来，厦门的全国游客满意度指数一直处于“满意”水平，且排名始终处于全国前十位，因此，对厦门游客行为进行研究具有较强的代表性和典型性（贾衍菊、林德荣，2016）。其研究背景总结如表 1-1 所示。

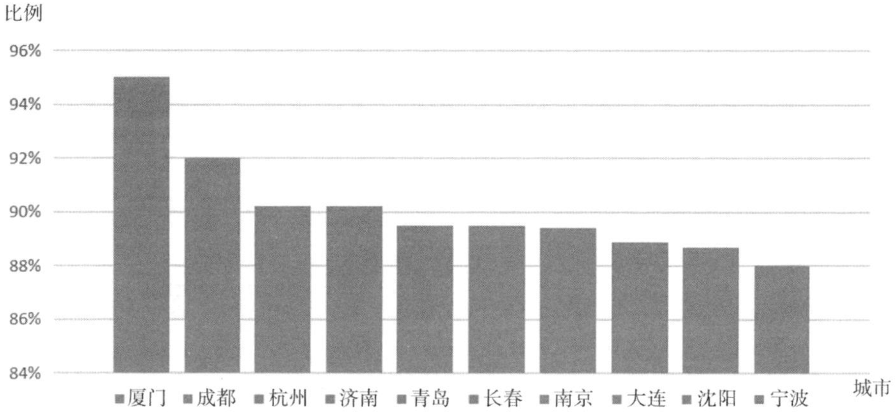

图 1-2 2020 年中国副省级城市美誉度排名

表 1-1 研究背景总结

城市竞争的现状	音乐节对城市竞争力感知的现实作用	官方对文化产业的总体政策	厦门市在中国音乐文化中的独特地位
从总体趋势来看，全球化浪潮席卷了世界的每一个角落，不同城市之间的竞争日益激烈。 每个城市具有独特性，城市管理者开始根据自身情况，借鉴营销学的理念经营和管理城市，积极塑造城市形象，提升竞争力。	音乐元素作为柔性的文化元素与软符号，增强了城市的空间引力。 音乐节是城市形象建设的新型战略工具，许多城市开始运用节事来宣传城市形象，提升城市竞争力感知。	党的十九大报告进一步明确了文化建设在习近平新时代中国特色社会主义中的基本定位。 《2017 年度中国艺术发展研究报告》提出艺术产业将向“文艺 + 城市化”“文艺 + 旅游”等方向发展。 官方的政策支持为音乐节对城市的营销作用提供了良好的发展环境。 中国音乐节的整体数量稳步提升。	鼓浪屿的面积仅 1.88 平方公里，钢琴人均拥有率却是全国第一，诞生了许多当代著名音乐家。此外，还拥有众多音乐设施，如钢琴博物馆、音乐厅、音乐学校、周期性举办音乐活动，具有影响力的艺术团体、有许多音乐元素的建筑物和地标型建筑等。 2017 年 7 月 8 日，厦门市鼓浪屿被列入世界文化遗产。 2020 年，厦门市是中国美誉度最高的城市。

第二节　问题陈述

城市竞争力感知的研究十分有必要。正如前文所提，在现实生活中，全世界的城市竞争不可避免，因此越来越多的国家开始重视研究以游客感知需求作为研究角度的城市竞争力议题（黄颖，2019）。管理者只有充分了解游客对城市竞争力感知的需求，才能对城市战略的布局有的放矢。

音乐节对提升城市竞争力具有重要的作用。因为城市竞争日益激烈，许多城市开始将音乐节作为城市的营销要素，提升城市竞争力。学者们也开始研究音乐节与城市竞争力感知的关联。《中国城市竞争力报告》指出："21 世纪的区域竞争，将以文化论输赢。"音乐节的蓬勃发展，在一定程度上促进了城市形象的提升，增强了城市竞争力（刘新鑫，2011）。

目前关于城市竞争力的研究存在以下几个问题。首先，大多数城市竞争力的研究都是通过分析官方的定量数据，以评估考察城市竞争力（Fang Meng，2006），然而该方法有着明显的弊端，即公开发布的数据相对容易获取，针对性不强，比较笼统，不够全面（蒲雪芹，2008），且由于各国各年度之间统计口径可能存在不同，导致研究数据缺乏可比性。第二，一部分学者随意地增加城市竞争力指标。现如今，越来越多的学者一味地增加指标，建立更加复杂的指标体系，而盲目增加指标并不能真实反映游客心目中城市竞争的优势（蒲雪芹，2008）。第三，一部分学者盲目地套用评价模型。譬如，部分学者盲目套用 Porter（1980）的钻石模型、Crouch 和 Ritchie（2003）的旅游目的地可持续竞争力模型，然而这些模型具有针对性、适用性和局限性（蒲雪芹，2008）。第四，目前研究游客感知需求方面的城市竞争力相关文献较少，游客的需求和感知才是城市竞争力的根本（邵革军、王贵清，2014）。Enrigh 和 Newton（2004）认为一个城市是否具有竞争力要看其是否能够吸引、满足潜在的游客。只有当游客选择参访一个城市而排除其他城市，这个城市才具有真正的竞争优势（蒲雪芹，2008）。作为城市的规划者和管理者只有充分了解游客心理，才能开展相应的营销策略。城市管理者和音乐节举办方都迫切需要游客对城市竞争力感知的反应情况，以做出相应的管理对策，特别是在新冠肺炎疫情之后，如何积极有效地恢复城市活力，成为城市现实的迫切需求。

音乐节对城市竞争力感知的影响具有两个方面的困境。一方面，在现实生活中，音乐节的举办规模、音乐人的参与度、举办城市的范围虽然近些年总体呈现上升趋势，但这两年出现回落的现象。根据《2019 年中国音乐节市场报告》，2019 年中国内地一共举办大大小小的音乐节 225 场，相较于 2018 年的 263 场有一定的回落。而 2020 年的新冠肺炎疫情，更是有大量的音乐节演出取消（程鸽，2021）。其次，我们也应该清醒地看到当前大部分中国音乐节没有形成有效的运营管理模式，主题同质化现象严重，产业链条不够完善（程鸽，2021；孙欢，2020）。最后，当下音乐节主办方和城市管理者都在关心如何通过音乐节来提升城市形象，提高城市竞争力感知，恢复城市的元气（程鸽，2021）。2020 年的新冠疫情导致全球经济遭到冲击，更加剧了城市之间的竞争。以厦门市为例，2020 年，厦门市旅游业受疫情影响较大，行业一直处于低迷状态。2016 年至 2019 年，厦门全市接待游客总人次从 6770. 16 万增长到 10012. 87 万，年均增长 13. 9%，旅游总收入从 968. 26 亿元增长到 1655. 90 亿元，然而 2020 年由于疫情影响，旅游业受到巨大冲击，各项主要旅游指标明显下降，其中，全市旅游接待人数和旅游收入分别为 6994. 13 万人次和 1045. 80 亿元（厦门市统计局，2021）。

另一方面，目前音乐节在现实社会的功能未被完全激发，这在一定程度上与薄弱的音乐节研究现状有关。首先，无论是从广度还是深度上，音乐节的研究都远远落后于音乐节的发展速度（苏蓉，2015）。其次，目前对于音乐节的研究多集中于短期效应，较少研究音乐节对城市的长期持续效应。音乐节对城市的长期持续效应，可以表现为城市通过举办音乐节以提升音乐节参与者的城市竞争力感知，也就是说通过音乐节的举办来塑造城市形象，进一步提升城市的知名度、美誉度和推荐度，进而吸引更多的访客，实现音乐节对城市长期的效应（李慧，2014）。最后，目前学术界关于音乐节对城市效应的理论研究还有很大的探索空间，缺乏深入系统的分析（刘晓，2019）；关于音乐节对城市效益的研究几乎停留在定性的描述阶段，而定量的研究有待提高（张颖慧，2014）。

因此，如何让音乐节成为良好的营销工具以提升城市竞争力感知，这不仅是摆在城市管理者和音乐节举办者面前的现实问题，而且是学者们需要解决的当下研究课题。城市举办音乐节需要承担一定的经费、人力、物力等成本，在付出与回报之间，城市管理者需要找到一个平衡点，需要参考相应的反映游客意愿的研究数据来评估音乐节对城市竞争力感知作用的情况，制定相应的管理策略，以期获得最大的实际效益（谷园园，2017）。

第三节 研究问题

首先，城市竞争力影响城市未来发展。城市拥有较强的城市竞争力有利于城市和区域的发展（周梦婧，2020）。任何一个城市都面临来自其他城市的竞争压力，城市如何在激烈的市场竞争中保持乃至获得竞争优势，一直是学术界关注的焦点（高颜超，2014）。为了能够吸引更多的游客，提高游客的城市重游率，作为研究者和经营者都需要考虑如何改进提升城市竞争力感知。

其次，音乐节作为城市众多营销产品中重要的一项，是城市可持续发展中的标志性节事（徐颖，2006）。音乐节在促进城市发展，优化城市建设中起到了积极而正面的作用，成为短时间内提升城市竞争力的一条途径（徐颖，2006；于世宏，2011）。因此，当今众多的城市主动兴办音乐节来打造城市旗舰工程，以赢得自身加速发展（刘源，2006）。

最后，根据上述的研究背景和问题陈述，我们发现了音乐节对城市竞争力感知产生影响的现实需求和研究成果的差距，找到了音乐节对城市竞争力感知产生影响现实和理论上的困境。为了进一步解决研究困境，有必要确定好本研究的方向：第一，需要证实音乐节是否影响城市竞争力感知；第二，需要验证音乐节影响城市竞争力感知过程中的所有因素；第三，需要探究音乐节如何影响城市竞争力感知；第四，在基于上述三个实证思路的基础上，为获得管理理论和管理实践的研究成果，需要为当下提供管理策略，即如何通过举办音乐节提升城市竞争力感知。

因此，本研究提出了下列四个研究问题：

其一，音乐节对城市竞争力感知是否产生影响？

其二，音乐节影响城市竞争力感知过程中的因素有哪些？

其三，音乐节如何影响城市竞争力感知？

其四，如何通过举办音乐节提升城市竞争力感知？

第四节　研究目的

音乐节是提升城市竞争力的战略工具，可以为城市带来各种好处。音乐节作为城市文化宣传的载体，对于举办城市的影响是有规律可循的，它对拉动地区经济发展、提升举办城市形象、强化城市综合竞争力等方面有积极的意义（宗刚、赵晓东，2013）。城市可以通过举办节事来完善相关场馆的设施，改善基础设施，甚至建设一大批造型特异的靓丽场馆，极大地丰满了城市形象，直接地促进了城市竞争力的提升（李慧，2014）。基于此，提出了本研究目的，即：首先需要获得音乐节对城市竞争力感知影响的结果，其次需要识别并验证音乐节对城市竞争力感知影响过程中的所有因素，再次需要了解音乐节对城市竞争力感知影响的过程和方式，最后根据音乐节对城市竞争力感知影响的结果得到如何通过举办音乐节来提升城市竞争力感知的管理策略。

第五节　研究范围

为确保本研究的可操作性，特说明研究范围，包括内容范围、变量范围、样本范围、时间范围等。

一、内容范围

首先，是本研究文献内容的范围。查阅并总结归纳相关文献后，本研究基于四个理论基础，即目的地形象理论、形象转移理论、节事营销理论和城市竞争力理论。在实证过程中具体参考了赵凯越（2019）、Yi-Ni Tsai（2011）、Paulo 和 Jose（2018）、Jose 等（2018）、谷园园（2017）、李慧（2014）、Fang Meng（2006）、庄国栋（2018）、黄颖（2019）的文献，总结相关概念，找到音乐节影响城市竞争力感知的内在逻辑，为验证音乐节影响城市竞争力感知的研究提供理论依据，为本研究的管理策略提供理论参考。

其次，是本研究概念内容的范围。本研究具体设计并细化了音乐节和城市竞争力感知的构成要素。在节事营销的理论基础上，根据 Getz（1997）的论述，音乐节可以被高度地评价为吸引物、催化剂、鼓舞者、场地营销者和形象塑造者，即音乐节的影响效应构成要素具体包括音乐节的形象、吸引力、传播力和影响力（夏巧云，2013）。城市竞争力感知的构成要素包括城市知名度、美誉度和推荐度，这受到了 Aaker（1991）、Keller（1993，1998）和 Kotler（1993，1999）等的理论的影响。

最后，是本研究设计内容的范围。第一，以厦门市作为城市研究案例，厦门的音乐节参与者作为研究对象，探讨音乐节对城市竞争力感知的影响，进一步分析城市形象在这一影响过程中的中介作用。第二，运用结构方程模型方法构建并检验音乐节形象、音乐节吸引力、音乐节传播力、音乐节影响力、城市形象、城市知名度、城市美誉度和城市推荐度的结构模型，来探究音乐节对城市竞争力感知的影响。第三，根据上述数据分析的结果来制定当下的管理策略。

二、变量范围

因为关注的是音乐节对城市竞争力感知的影响，所以笔者设计了自变量、因变量、中介变量三种变量。自变量是音乐节，因变量是城市竞争力感知，中介变量是城市形象。

（一）自变量

本研究的自变量为音乐节。音乐节的维度由吸引力、传播力、影响力组成。上述变量和维度主要参考来自赵凯越（2019）、Yi-Ni Tsai（2011）、Paulo 和 Jose（2018）、Jose 等（2018）、谷园园（2017）、李慧（2014）的文献。本研究后续将“音乐节”“音乐节形象”“音乐节吸引力”“音乐节传播力”“音乐节影响力”分别简写为“MF”“MFIM”“MFA”“MFC”“MFIN”。

（二）中介变量

本研究的中介变量为城市形象。该变量主要参考来自 Yi-Ni Tsai（2011）、Paulo 和 Jose（2018）、谷园园（2017）、李慧（2014）的文献。本研究后续将“城市形象”简写为“CI”。

（三）因变量

本研究的因变量为城市竞争力感知。城市竞争力感知的维度由知名度、美誉度、推荐度组成。上述变量和维度主要参考来自庄国栋（2018）、黄颖（2019）与 Fang Meng（2006）的文献。本研究后续将“城市竞争力感知”“城市知名度”“城市美誉度”“城市推荐度”分别简写为“PCC”“CA”“CREP”“CREC”。

三、样本范围

本研究采用结构方程模型方法，使用问卷调查法收集研究数据，探索音乐节对城市竞争力感知的影响。

本研究的抽样方式采用简单随机抽样，将2021年7月至8月厦门音乐节参与者作为研究总体。期间，参与厦门音乐节的群众为4.7万人（厦门音乐节，2021），因此研究总体为47000人。我们根据山根太郎公式（Yamane，1973），计算出样本量为396。为了便于数据的收集和处理，本研究便从400个样本中收集数据。

第六节　研究概念框架

从现实生活来看，城市管理者和音乐节举办者举办音乐节的目的就是将音乐节与城市联系起来，因此，举办音乐节是音乐节和城市双赢的过程。音乐节不仅是将游客吸引到城市的一个宣传工具，更是城市的营销资源（徐颖，2006）。当今越来越多的研究者发现，城市举办音乐节可将高质量的产品、服务、娱乐、人力等众多因素进行组织和传播，迅速提升城市的知名度、美誉度和推荐度（聂艳梅，2015；Paulo等，2018），很多城市试图通过举办音乐节来赢得独特的竞争优势（潘婷婷、汪德根，2009）。

基于上述的研究背景、问题陈述、研究问题、研究目的和研究范围，本研究确定了图1-3的研究概念框架。

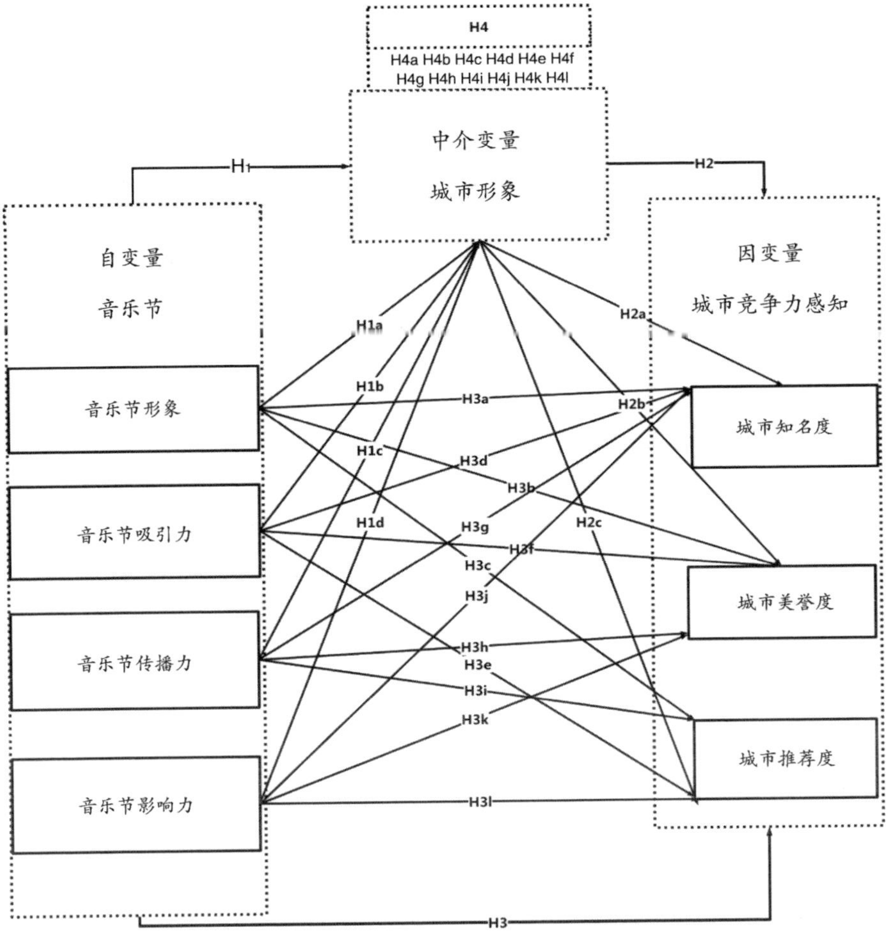

图 1-3 研究概念框架

第七节 研究假设

为解决本研究的问题，达到研究目的，探究音乐节与城市竞争力感知之间的机制关系，提出了四个主要假设，以及主要假设下的 31 个分假设。

一、音乐节对城市形象的影响

举办音乐节是优化游客心中城市形象的有效营销手段。“注意力”似乎已经成为最稀缺也最抢手的营销资源，许多欲求发展的城市开始将目光投在音乐节上。越来越多的城市通过媒介传播、策划、组织音乐节来吸引城市内外人们的注意力，以树立良好的城市形象，提高城市的知名度和美誉度（赵凯越，2019）。音乐节在城市形象塑造过程中有着非常重要的作用，它不仅是一种社会组织活动，也是独具吸引力的城市产品（成功伟，2016）。Paulo 和 Jose（2018）认为音乐节的吸引力对城市形象能产生积极作用。音乐节作为一种城市产品，具有一般城市静态景观所不具备的优势：音乐节的主题鲜明，具有集聚效应。除吸引力对城市形象产生一定作用外，音乐节的传播力和影响力也能对城市形象造成影响。李宗诚（2007）结合音乐节与城市形象的关系，将音乐节概括为："音乐节是城市的亮丽名片，一个能够集中展示城市风貌、多层次传播城市信息的媒介，是城市营销的一种手段。"Paulo 和 Jose（2018）提出并验证了音乐节对城市形象产生影响的假设。因此，本研究提出假设 H1。假设 H1 为整体假设陈述，由 4 个分假设 H1a、H1b、H1c、H1d 构成。研究概念框架参见图 1-3。

H1：音乐节对城市形象产生正向影响。

H1a：音乐节形象对城市形象产生正向影响。

H1b：音乐节吸引力对城市形象产生正向影响。

H1c：音乐节传播力对城市形象产生正向影响。

H1d：音乐节影响力对城市形象产生正向影响。

二、城市形象对城市竞争力感知的影响

城市形象对当地竞争力水平具有重要影响。Fang Meng（2006）提出，城市形象对城市竞争力感知具有正向作用。布乃鹏（2018）指出，良好的城市形象有助于提升城市竞争力，吸引更广的游客资源，进而扩大地区经济实力和社会影响力。城市形象作为彰显城市代表性物质或精神标识，能够展现当地特质，传递独特的人文内涵。良好的城市形象有助于提高当地的知名度、美誉度和推荐度，可进一步提升当地的竞争力。庄国栋（2018）认为，游客感知价值对城市竞争力产生正向作用。因此，本研究推断游客对城市形象的感知与该城市的竞争力感知呈正相关，进而提出假设 H2。假设 H2 为整体假设陈述，由三个分假设 H2a、H2b、H2c 构成。研究概念框架参见图 1-3。

H2：城市形象对城市竞争力感知产生正向影响。

H2a：城市形象对城市知名度产生正向影响。

H2b：城市形象对城市美誉度产生正向影响。

H2c：城市形象对城市推荐度产生正向影响。

三、音乐节对城市竞争力感知的影响

音乐节对城市竞争力的提升具有显著作用。徐智丽（2010）指出，音乐节的举办能有效增强城市的吸引力，进而提升其竞争力。音乐节正逐渐发展成为一种全球性的商业活动。音乐节对商业推广、城市营销、产业带动、市民休闲与教育等方面的影响正得到前所未有的认可。在音乐节研究领域，研究主要集中在音乐节管理、音乐节参与者行为研究和音乐节影响三大领域，其中，关于音乐节影响的研究最多。节事活动对国家和地区经济发展以及游客重游率和旅游消费的提升具有积极作用。城市作为文化的载体，储存并传承着人类文明的成果。贾文山和石俊（2019）强调，城市精神代表着城市中生活的人们的一种情怀。在日益激烈的国际竞争中，文化的作用越来越重要，各国也更加注重文化的对外输出，以此提升国家的软实力。音乐节是促进国际交流、搭建国际沟通的平台，是提高城市竞争力、推动城市发展的有效动力。赵凯越（2019）提出，音乐节可以显著提升城市的竞争力。基于上述观点，提出假设 H3。假设 H3 为整体假设陈述，由 12 个分假设 H3a、H3b、H3c、H3d、H3e、H3f、H3g、H3h、H3i、H3j、H3k、H3l 构成。研究概念框架参见图 1-3。

H3：音乐节对城市竞争力感知产生正向影响。

H3a：音乐节形象对城市知名度产生正向影响。

H3b：音乐节形象对城市美誉度产生正向影响。

H3c：音乐节形象对城市推荐度产生正向影响。

H3d：音乐节吸引力对城市知名度产生正向影响。

H3e：音乐节吸引力对城市推荐度产生正向影响。

H3f：音乐节吸引力对城市美誉度产生正向影响。

H3g：音乐节传播力对城市知名度产生正向影响。

H3h：音乐节传播力对城市美誉度产生正向影响。

H3i：音乐节传播力对城市推荐度产生正向影响。

H3j：音乐节影响力对城市知名度产生正向影响。

H3k：音乐节影响力对城市美誉度产生正向影响。

H3l：音乐节影响力对城市推荐度产生正向影响。

四、城市形象中介效应假设

在众多研究中，城市形象作为中介变量的作用受到了学者们的广泛关注（Alireza 等，2020）。许多学者探讨了城市形象在各种关系中的中介效应。例如，Qian 和 Mimi（2013）指出，城市形象在事件形象与城市态度、城市行为的关系中起到了中介作用。Chew 和 Jahari（2014）研究了感知风险对重新访问目的地愿望的影响，其中城市形象起到了中介作用。Akroush（2016）考察了城市形象在城市服务质量与城市忠诚度之间的影响关系中的中介作用。李慧（2014）探讨了节事对城市形象的正向影响，并指出城市形象在节事与城市之间起到了中介效应。陈劼绮（2020）基于 SOR 理论，以城市形象为中介，构建了旅游宣传营销对旅游者行为的影响模型，研究发现城市形象起到了完全中介作用。同样地，邹蔚菲（2020）运用 SOR 理论，以城市形象为中介，研究了乡村公共服务质量对游客忠诚度的影响。从这些研究中，我们可以推断出城市形象在音乐节与城市竞争力感知之间也起到了中介作用。音乐节作为一种重要的城市活动，能够通过塑造和传播城市形象，影响游客对城市竞争力的感知。因此，提出中介假设 H4。该假设由 12 个分假设 H4a、H4b、H4c、H4d、H4e、H4f、H4g、H4h、H4i、H4j、H4k、H4l 构成，以全面探讨城市形象在音乐节与城市竞争力感知之间的中介作用。研究概念框架参见图 1-3。

H4：城市形象在音乐节对城市竞争力感知的影响中产生中介作用。

H4a：城市形象在音乐节形象对城市知名度的影响中产生中介作用。

H4b：城市形象在音乐节形象对城市推荐度的影响中产生中介作用。

H4c：城市形象在音乐节形象对城市美誉度的影响中产生中介作用。

H4d：城市形象在音乐节传播力对城市知名度的影响中产生中介作用。

H4e：城市形象在音乐节传播力对城市推荐度的影响中产生中介作用。

H4f：城市形象在音乐节传播力对城市美誉度的影响中产生中介作用。

H4g：城市形象在音乐节吸引力对城市知名度的影响中产生中介作用。

H4h：城市形象在音乐节吸引力对城市推荐度的影响中产生中介作用。

H4i：城市形象在音乐节吸引力对城市美誉度的影响中产生中介作用。

H4j：城市形象在音乐节影响力对城市知名度的影响中产生中介作用。

H4k：城市形象在音乐节影响力对城市推荐度的影响中产生中介作用。

H4l：城市形象在音乐节影响力对城市美誉度的影响中产生中介作用。

第八节　研究意义

一、理论意义

首先，本研究将有助于拓宽音乐节研究的理论深度和广度。目前对于音乐节研究，大多从定性的角度分析音乐节自身的效益或音乐节对经济、社会等方面的影响（刘茜茜，2013），而音乐节对城市形象以及城市竞争力感知影响的相关文献较少，因此从游客角度出发分析音乐节对城市竞争力感知的影响，可以拓宽音乐节的研究方向。其次，本研究将有助于整合并发展音乐节、城市形象和城市竞争力的理论观点。无论是音乐节、城市形象还是城市竞争力感知，这些概念至今学术界相关理论仍然没有形成统一的观点（Rodoula & Vanessa，2010；史春云等，2006），笔者将通过实证研究进一步分析和确定上述概念相关量表，验证音乐节对城市竞争力感知的影响，以及城市形象的中介作用。最后，本研究进一步发展了城市竞争力的研究理论。满足游客偏好与需求是城市竞争力的直接体现（Fang Meng，2006），从游客感知角度分析城市竞争力具有一定的研究价值。综上所述，本研究试图从游客感知的角度探究音乐节对城市竞争力的影响，采用结构方程模型方法，以期为音乐节对城市竞争力感知影响的相关理论研究添砖加瓦。

二、现实意义

本研究旨在从游客角度深入探究音乐节对城市竞争力感知的作用和效果，从而为提升城市竞争力、推动城市发展等提供重要的参考价值。随着城市旅游化的不断深入，城市发展面临着新的机遇和挑战。为了有效应对这些挑战，首先，城市地方政府需要充分了解城市音乐节的发展现状，明确城市建设过程中的核心要素与动力机制。通过深入研究城市竞争力的原理，城市管理者可以更加明确当地城市的定位，并对城市竞争力感知有更加清晰的认识，从而更有针对性地建立具有地方文化内涵、独树一帜的品牌，解决当前产业发展的同质化等问题。其次，研究音乐节对城市竞争力感知的影响不仅可以显著提高音乐节的收益，还能在很大程度上为城市管理者提供音乐节管理的实践依据。这有助于音乐节的后续发展，有助于音乐节塑造良好的举办城市形象，进而提升音乐节对城市的长期效应。通过研究音乐节对城市竞争力的影响，我们能够帮助音乐节举办方和普通民众正确认识音乐节在提升城市形象、提高城市竞争力以及推动城市发展方面的积极作用。音乐节被视为提升城市形象的超级引擎，通常被认为是建立城市声望的有效途径，往往能够引起各界的广泛关注，为城市赢得较高的知名度、美誉度和推荐度。最后，本研究的成果将为城市管理者、艺术从业者以及其他领域（如教育领域）提供有价值的管理参考。通常来说，政府作为活动举办方对于活动的举办效果具有一定的认识，但对于这些效果的具体程度、体现在哪些方面、是积极影响还是消极影响，以及该活动是否比其他营销方式更加有效等问题仍需进一步探究。综上所述，本研究将为城市管理者提供量化的研究分析结果和实用的管理策略，有助于他们正确评估音乐节的收益，指导音乐节举办方的具体实践，并为政府提供通过音乐节来提升城市竞争力感知的理论和实践依据。

第九节　术语定义

一、厦门市

厦门是中国东南沿海的重要城市，简称“厦”或“鹭”，别称“鹭岛”，英文写作 XiaMen 或 Amoy，为中华人民共和国福建省所辖，位于台湾海峡西部。厦门是现代化国际性港口及风景旅游城市，具有优越的海滨环境和休闲文化氛围，已经发展成为中国滨海旅游的热点城市。截至 2019 年，全市下辖 6 个区，总面积 1700.61 平方公里，常住人口 429 万。这里气候宜人，风景秀丽，环境整洁，拥有“国际花园城市”“联合国人居奖”等殊荣。厦门整个城市充满着音乐文化氛围。厦门的鼓浪屿被 CNN 评为“值得注意的中国目的地，别称‘钢琴之岛’”（Kate，2017）。在联合国第 41 届委员会会议上，“鼓浪屿：历史国际社区”被联合国教科文组织评为世界文化遗产。

二、音乐节

音乐节，这个充满欢乐和活力的娱乐形式，自古以来便在拉丁语中以“欢乐”之意被解读。作为大众喜闻乐见的艺术庆祝活动，它展现了独特的行业特质。音乐节通常在特定场所举行，以连续性的音乐演出为核心内容，涵盖古典浪漫主义音乐、流行音乐、民族音乐、现代音乐，甚至可能是某位作曲家的专题表演。这些庆祝活动往往持续数天甚至数周，并在同一地点定期举办。音乐节是音乐家们展示才华、传递情感和心意的舞台（Tsai，2011）。在最基本的层面上，音乐节是为了满足公众对音乐艺术的广泛需求。因此，公众才是音乐节的主体，对音乐节中参与者的感知进行观察与分析，对于音乐节研究至关重要（刘晓，2019）。本研究将从音乐节参与者的视角出发，对音乐节的形象、吸引力、传播力以及影响力进行深入探讨。

三、音乐节形象

音乐节形象是指参与者对音乐节的整体评价，它基于音乐节的各种属性，对其服务品质进行全面的研究，反映了音乐节的总体表现品质和整体观感（Tsai，2011）。它不仅可以帮助管理者制定适当的营销策略（阮文佳，2016），而且是连接游客和城市的桥梁，具有深远的研究价值（谷园园，2017）。此外，音乐节形象与举办城市之间存在密切的联系，主办方可以通过强化、改善或重新塑造音乐节的形象，为举办城市带来长期的益处（谷园园，2017）。因此，音乐节活动主办方应充分考虑影响音乐节形象的各种因素，以期达到对城市产生更大影响的效果。

四、音乐节吸引力

音乐节吸引力是指音乐节对参与者的吸引能力，这一概念在赵凯越（2019）的研究中得到了阐述。音乐节吸引力是音乐节成功运作的关键因素，它直接影响到音乐节的市场竞争力和生命周期。因此，提升音乐节吸引力已成为音乐节组织者的重要任务。从应用价值的角度来看，研究音乐节吸引力不仅有助于提高音乐节本身的品质，还能为评估音乐节对城市的影响提供参考依据。通过举办具有吸引力的音乐节活动，可以有效地吸引游客游览城市，实现“以节带游”的目标。

五、音乐节传播力

音乐节传播力是指音乐节对参与者传播宣传的程度。音乐节作为传播媒介，对外宣传音乐节和举办城市的形象，形成传播效应。音乐节的传播效应对音乐节和城市形象的塑造、宣传，有着区别于其他媒体不可替代的作用（赵凯越，2019）。音乐节的研究，应结合音乐节的传播能力与传播效力进行评价。因此，无论是对音乐节主办方还是研究者，都应该注意到音乐节的传播力，充分考虑音乐节传播力的因素，以期为音乐节和举办城市获得更大的效益。

六、音乐节影响力

音乐节影响力是指在音乐节参与者心中或对外界的影响程度（赵凯越，2019）。毫无疑问，音乐节是具有影响力的。音乐节有着提高城市文化实力、城市营销等作用。音乐节不仅是一种文化产业，更是城市形象传播的媒介。优秀的音乐节吸引更多的人来关注城市的经济发展、城市建设、人文风貌等，是城市的一张名片，给予城市形象独特的色彩，有利于城市形象美化和塑造（成功伟，2016）。

七、城市形象

城市形象指的是可以激发人们思想感情的城市形态和特征，是城市内部与外部公众对城市内在实力、外部活力和发展前景的具体感知、总体印象和综合评价（廖红宇，2019）。我们同时也可以认为，城市形象具体指的是社会公众形成对城市的地理环境、经济贸易水平、社会安全状况、建筑物景观、商业、交通和教育等公共设施的完善程度、法律制度、政府治理模式、历史文化传统以及市民的价值观念、生活质量和行为方式形成的认知和印象总和（谷园园，2017）。

八、城市竞争力感知

城市竞争力感知具体是指游客对城市竞争力的感官知觉。正如 Ritchie 和 Crouch（2003）所述，客户的需求是城市竞争力的最终驱动力。竞争行动源于客户需求，城市竞争力直接受到游客的影响。在城市竞争激烈的市场中，我们应了解游客的经历以及他们的意见和态度，以提高城市产品和服务的绩效，并促进城市发展战略。因此，应该从游客的角度来考察城市竞争力（Fang Meng，2006）。庄国栋（2018）认为，城市竞争力感知是从游客需求出发，通过知名度、美誉度和推荐度来表现城市竞争力。所以，强大的城市竞争力感知比其他竞争城市具有更高的知名度、美誉度和推荐度。

九、城市知名度

城市知名度指城市被公众了解的程度，是评价城市名气大小的客观尺度，侧重于“量”的评价，即城市对社会公众影响的广度和深度（庄国栋，2018）。城市知名度参考了品牌知名度的相关概念。在竞争激烈的市场中，提升品牌知名度并使其产生实际的销售收益对企业至关重要。Aker（1991）认为品牌知名度是顾客作为评价产品重要的考量因素之一。Keller（1993）认为品牌知名度是某一品牌在消费者记忆上的连接强度，反映了消费者对品牌差异度的确认能力，即消费者在记忆中较强的品牌连结或者痕迹。Laurent 等（1995）则认为品牌知名度是一种测量品牌名称在消费者心目中的突出程度。城市知名度参考了品牌知名度的概念，反映了游客对城市的知晓程度，在现实生活中展现为“对参访城市知道不知道”的问题（王洋，2008）。

十、城市美誉度

城市美誉度指城市获得公众信任、好感、接纳和欢迎的程度，是评价城市声誉好坏的社会指标，侧重于“质”的评价，即城市的美丑、好坏，是公众对城市的信任和赞美程度（庄国栋，2018）。与城市知名度不同的是，城市知名度反映的是城市评价的“量”，而城市美誉度反映的是城市评价的“质”。也就是说，城市知名度是中性的，不存在道德价值的判断，一个城市可以美名远扬，也可以臭名昭著，但都会形成很高的城市知名度；而城市美誉度则具有褒贬倾向性的属性。城市美誉度是对该城市道德方面的判断，体现了城市公共关系及其管理的伦理性和道德意义。城市在提高知名度的同时，必须注意提升城市美誉度（张东娇、李桂英，2006）。

十一、城市推荐度

城市推荐度是指游客向其亲友推荐城市的程度（沈欢燕，2010），是游客对城市提供服务持有正面态度以及对城市积极对外推荐的行为。城市管理者需要将城市潜力转化为能满足游客物质和精神需求的产品或服务，从而提高城市推荐度。在城市竞争力感知的三个维度中，城市知名度相对层次最低，是城市竞争力感知的基础；城市美誉度层次相对高一点，依靠信誉、口碑等来支撑；而城市推荐度则是最高层次。因此，城市推荐度的高低直接体现城市竞争力感知的强弱，城市推荐度越高，城市竞争力感知越强；反之，城市推荐度越低，城市竞争力感知越弱。

第十节　研究章节结构

本研究共分六个章节。

第一章为绪论，介绍了研究背景、问题陈述、研究问题、研究目的、研究范围、概念框架、研究假设、研究意义、术语定义等，环环相扣。

第二章为文献综述。首先，在第一章的论述基础上找到音乐节对城市竞争力感知影响的理论基础。其次，总结并归纳了音乐节、城市形象和城市竞争力感知的相关概念。最后，进一步具体梳理并总结了音乐节对城市竞争力感知的影响路径和过程的相关文献，为音乐节对城市竞争力感知的影响提供了理论依据。

第三章为研究方法。首先，在第二章理论研究的基础上提出了研究框架和设计思路。其次，设计测量工具，构建量表，运用深度访谈、预调研等方式优化量表，确定正式的调研问卷。再次，确定了统计方法。最后，阐述了总体和样本。

第四章为研究结果与讨论。首先，根据人口统计分析，归纳了受访者的人口统计数据特征，根据描述性分析的结果考察该数据是否符合正态分布。其次，给出了信度和效度分析结果。再次，给出了验证性因子分析结果。最后，通过运用结构方程模型方法和 AMOS24.0 软件得出研究路径假设和中介效应的结果。

第五章为结论和建议。第一，总结研究的过程。第二，指明了研究新知识点。第三，讨论并解释了研究结果，总结出本研究结论，找到了实践管理的缺陷。第四，根据研究结论和实践管理的缺陷提出了理论启示和管理策略。第五，指出了研究的局限性，提出了对未来研究的建议。

第六章为研究拓展，是对学前教育研究领域的启示。在研究的后续部分，探讨了城市竞争力与音乐节之间的联系对幼儿音乐活动、幼儿旅游和亲子旅游的启示。首先，本研究发现，厦门音乐节对城市音乐教育具有重要意义，强调了为幼儿提供更多样化的音乐教育和活动形式的重要性。其次，本研究还为幼儿旅游提供了新的视角和方法，从幼儿的角度了解他们对城市的感知和评价。最后，本研究还关注了幼儿旅游者的情感体验和成长发展，为相关政策的制定和实践提供了有益的借鉴。

第二章　文献综述

本章将阐述相关的概念和理论。笔者查阅了相关书籍、报刊和其他资料，整理框架如图 2-1 所示：

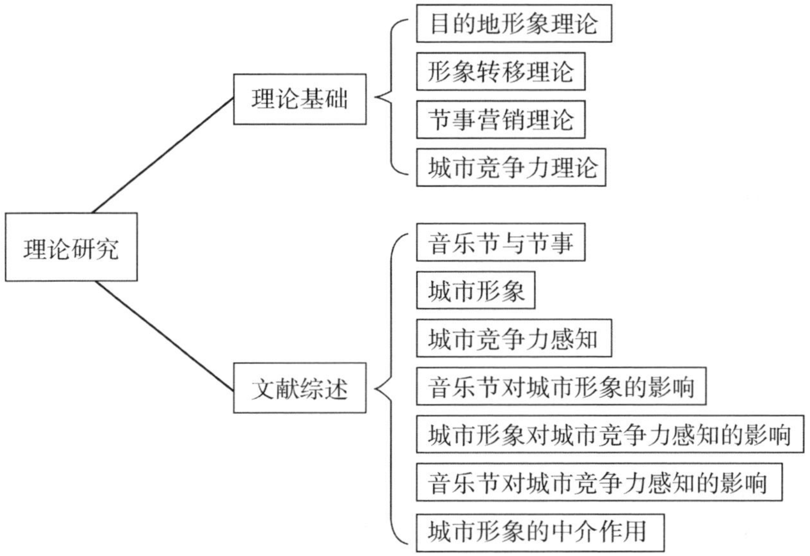

图 2-1　理论概念

第一节　理论基础

一、目的地形象理论

（一）形象的定义

“形象（Image）”一词源于心理学，指个体知觉的结果（阮佳文，2016）。

Boulding（1956）最早提出形象的概念，认为形象体现了人们对事物在某种程度上的认知，是主观价值和知识的凝结，会对个体的行为决策产生重要的影响。这是学术界第一次对形象一词进行界定，也是后来形象理论研究的开端。Myers（1968）认为，形象存在于个体的思想中，是个体对客观事物的心理感知。Lawson 和 Bond-Bovy（1977）认为，形象是个体对特有物和地方的一种表达，包括印象、偏见、想象和情感思想。

（二）目的地形象的概念

目的地形象的概念最早是由 Hunt（1971）提出。他撰写的博士论文 *Image: A Factor of Tourism*，被认为是目的地形象研究的开山之作（程金龙，2011），也成为后来诸多学者研究城市形象的理论基础（李慧，2014）。Hunt（1971）认为目的地形象是纯粹主观的概念，是指个人对目的地独特的个人信念、概念与印象。在 Hunt 前后，如 Lynch（1960）、Gunn（1972）、Markin（1974）、Relph（1976）、Crompton（1977）等学者对目的地形象的研究起到了一定的推动作用。1980 年以来，目的地形象研究的重视程度被逐渐加强（程金龙，2011）。

总体上看，目的地形象构成主要有两大类划分方式：一类是将目的地形象划分为有机形象、诱发形象和综合形象，一类是将目的地形象划分为认知形象和情感形象。第一类最早由 Gunn（1972）提出，他从形象形成的过程出发，将目的地形象划分为有机形象和诱发形象两个维度，并认为有机形象会促使诱发形象的形成。这部分学者（Assael，1984，1989；Kim & Richardson，2003）认为目的地需要时间积累或信息搜集，通过原生形象、诱发形象和综合形象三个阶段构成游客心中的目的地形象。第二类的目的地形象研究由 Echtner 和 Ritchie（1991）提出，认为应该从个别属性和整体形象研究目的地形象。在他们的研究前后，Gartner（1989）、Baloglu 和 McCleary（1999）也将目的地形象的构成分为认知形象和情感形象，即目的地形象是游客与目的地的多种认知与情感的关系联结。

目的地形象具体概念如表 2-1 所示。

表 2–1 目的地形象概念

研究者	年份	定义和研究观点
Hunt	1971	目的地形象是表达游客心中对目的地的态度的最重要指标。
Markin	1974	目的地形象是个体对某地形成的个人的、概念化的理解。
Lawson & Bond–Bovy	1977	目的地形象是个体对特定的对象或地方的一种印象、偏见、想象和情感思想的表达。
Crompton	1979	目的地形象是人们对目的地的感觉、信念与整体印象。
Assael	1984	目的地形象是随时间推移对多种来源信息的处理所形成的目的地整体感知。
Ditchter	1985	目的地形象是对既包括认知又包括情感的个体属性的评价结果的一个总体或全面的印象。
Phelps	1986	目的地形象是地区的感知或印象。
Moutinho	1987	目的地形象是建立在对目的地属性认知和感觉基础上的个体态度。
Embacher & Buttle	1989	目的地形象是存在于游客的主观知觉和目的地的客观属性之中，代表了游客的态度及偏好。
Gartner	1989	目的地形象是游客对观光地点的认知过程与对地方的情感评估。
Echtner & Ritchie	1991	目的地形象是目的地属性和整体印象的感知。
Dadgostar & Isotalo	1992	目的地形象是个体对地方的全面印象和态度。
Gartner	1993	基本态度理论提出的“三维结构”，认为目的地形象包含认知形象、情感形象和意动形象。
Schroeder & Sonmez	1999	目的地形象是游客对目的地在心理上的描绘，反映了游客对目的地的感觉及印象。
Baloglu & Brinberg	1999	目的地形象由认知形象与情感形象组成。
Baloglu & McCleary	1999	目的地形象包含认知形象和情感形象，两者密切相关。其中，认知形象是个体对城市信任态度的总和，是情感形象产生的基础。
Murphy	2000	目的地形象是目的地相关联的信息碎片的组合。
Bigne 等	2001	目的地形象是游客对于目的地的主观解释。
Kim & Richardson	2003	目的地形象是随时间变化累积形成的对一个地方的印象、信念、观点、期望和情感的总和。

从上述文献来看，首先，虽然目的地形象并没有一个完全统一的定义，但学者们对目的地形象概念的本质认识是基本相同的，即目的地形象基本上是对目的地的一种印象或评价，是游客对目的地的一种心理反映。其次，目的地形象评价由认知形象和情感形象综合构成，这是被现代学者最为认可、应用率最高的观点。最后，多数学者将认知和情感维度结合在一起，从整体的角度来客观评价目的地形象。因此，笔者将目的地形象归纳为游客对目的地形象的整体印象和评价，由认知形象和情感形象构成。

二、形象转移理论

（一）形象转移概念

Raynolds（1965）提出的“晕轮效应”为形象转移理论提供了一个研究方向。当人们对某个事物有积极的评价时，就倾向于对该事物的其他方面也产生同样积极的评价。和上述理论相似，“形象转移”是由 Mc Cracken（1989）最先提出的，他从名人代言的角度揭示出名人在公众中的形象会在一定程度上转移到代言企业的产品中来。

（二）形象转移应用

形象转移理论在学术界虽然出现得比较晚，但是从当前的发展情况来看，已经有了很大的进步。通过对形象转移理论的梳理，在节事研究中，形象转移理论主要集中在两大研究领域，一是对节事赞助的研究，二是对节事形象与举办城市形象之间的研究（李慧，2014）。如表 2-2 所示。

表 2-2　形象转移运用方向

方向	定义	研究者
方向一： 节事赞助的研究	某企业在参加赞助活动时会考虑将消费者心中对节事产生的形象感知转移到该企业品牌中，主张赞助商利用节事把企业品牌形象和人格特质紧密联系在一起。	Philip 等（2016）
方向二： 节事形象与举办城市形象	通过节事能够传播举办城市形象，比如世博会的形象对上海城市形象的影响，建议世博会相关方面通过宣传正面的上海形象来获得人们的青睐。	Henrik（2016）

在“形象转移”的研究中，比较著名的是 Xing 和 Chalip（2006）的研究，该研究属于形象转移研究的“方向二”。他们认为通过节事营销组合，能够将节

事形象的构成要素转移到城市形象中去，并最终影响游客的行为意愿。他们在研究过程中还提出了关于节事形象、城市形象和来访意愿的关系模型。Kaplandiou 和 Vogt（2007）在 Xing 和 Chalip（2006）研究的基础上进行了更深入的探讨。综合文献来看，可以总结出两点：一是关于“节事形象会影响城市形象”是可行的；二是节事形象对城市形象的影响是形象转移的结果（谷园园，2017）。我们将在后文“音乐节形象”与“城市形象”关系的研究中将继续探讨“形象转移”理论的研究应用。

三、节事营销理论

Kotler（1993）认为，营销者所经营的产品分别是商品、服务、节事、体验、人物、场所、产权、组织、信息和创意。节事营销的起源甚早，早在 20 世纪 60 年代，许多学者就开始研究节事营销（李慧、谷园园，2016）。节事营销是把节事当成促销的手法之一，企业界更是大量运用节事作为企业或商品的宣传方式（侯玉芹，2013）。可以说，节事营销的模式是为了满足某种需要，在人们的规划下展开的一种行为。

传统的节事营销指的是利用消费者对节事的消费心理，综合运用广告、公演等营销手段，进行品牌或产品的推介活动。然而，当节事营销被广泛应用于城市的塑造之后，就有了新含义，强调的是城市如何通过举办节事来优化城市形象，提升城市竞争力（李慧、谷园园，2016）。节事可视为营销城市的一种管道，借着文化活动的举行，发掘城市丰饶的人文资源，展示节事举办城市文化独特性及文化形象，给城市带来另一种发展途径（侯玉芹，2013）。举办节事对城市而言影响是深远的，但是举办节事并不是简简单单可一蹴而就的。节事对举办城市的影响催生了节事营销的概念，被认为是城市的营销利器。关于节事营销，不同的学者也从不同的角度给出了不同的定义（谷园园，2011），具体如表 2-3 所示。

表 2-3 节事营销定义

研究者	年份	节事营销定义
Shimp，T. A.	1993	节事营销是组织节事促进消费者对该节事及品牌的兴趣的实践活动。
Wood. E. H.	2009	节事营销是指任何有助于销售产品、服务于目标观众的节事。
胡鹏飞	2010	节事营销是通过营造吸引游客关注推动旅游发展的各种会议、展览、主题活动。

续表

研究者	年份	节事营销定义
王玲	2013	节事营销是指依托各种节事开展的营销活动。
李慧、谷园园	2016	节事营销是利用消费者的节事消费心理，综合运用广告、公演等营销手段，进行产品或品牌推销的活动。
李梦坤	2017	节事营销是为了实现节事的良好发展，扩大节事影响而采取的众多营销方式中的一种，这种营销手段是利用节事本身所包含的元素作为宣传点，尽可能多地吸引游客并增强地区影响力的活动。

表 2-4　节事营销类型及特点

节事营销类型	特点
节事自身发展的一种营销模式，利用了节事本身作为宣传点，以节事自身利益作为目的。	这种模式虽然短时间内可以取得良好的效果，但并不利于长时间运用。
通过节事影响效应，以尽最大努力吸引游客并增强地区影响力的活动作为目的。	用节事烘托整个城市的形象，让一个良好的形象成为城市名片，形成旅游的品牌效应，从而让人们认识这座城市并前来参观。

节事营销有两种类型，它们的出发点和落脚点不尽相同。第一种是为了实现自身发展的一种营销模式，以节事自身利益作为目的。本研究将采用第二种来探究节事的影响效应，即节事作为一种刺激物，以尽最大努力改善城市形象，吸引游客增强城市的知名度、美誉度和推荐度（单单，2012），提高被游客选择的可能性，提升城市的竞争优势，这是城市举办节事的根本目的（李慧，2014），具体如表 2-4 所示。毫无疑问，如果从这方面研究节事营销就必须考虑：节事的形象如何？节事的吸引力如何？节事营销过程中所产生的传播能力如何？节事营销的影响力如何？因此，下文将着重分析音乐节的形象、吸引力、传播力和影响力。

四、城市竞争力理论

（一）城市竞争力研究机理

竞争是个体间的相互角逐（黄颖，2019），城市竞争力的理论基础主要来自比较优势理论与竞争优势理论（史春云等，2006）。

1. 比较优势理论

比较优势理论是国际贸易理论中的一个经典理论，起源于 18 世纪古典经济学创始人 Adam（1776）的绝对优势理论，发展于19世纪古典学派 David Ricardo（1817）的比较成本理论以及20世纪新古典学派 Heckscher 和 Ohlin（1933）的要素禀赋理论。这些理论框架虽未明确竞争力命题，但却清晰地揭示了国际分工体系下国家间绝对优势和相对优势的形成机理，因而被视为竞争力理论的基础。比较优势理论的应用强调资源禀赋条件，即资源的吸引属性（史春云等，2006），要充分利用其相对于竞争对手具备比较优势的资源，才能有效提升城市竞争力（邵革君、王贵清，2014）。

2. 竞争优势理论

真正以一套完整的理论体系或者评价体系揭示竞争力形成和演变规律的理论直到20世纪80年代才出现。20世纪80年代初 Porter（1980）提出了竞争优势理论；Porter（1980）连续发表了《竞争战略》《竞争优势》《国家竞争优势》，创立了分析竞争力的钻石模型。如果说比较优势是一个城市可以获得的资源优势，那么竞争优势则是关于一个城市长期有效利用其资源的能力，竞争优势理论更强调潜在竞争力（史春云等，2006）。

（二）城市竞争力的概念

1. 竞争力的定义

虽然到目前为止，关于“竞争力”还没有一个被普遍接受的定义，但是我们可以得出竞争力是竞争对象在竞争过程中显示出来的优势，是一种既随竞争过程变化又通过竞争的结果体现出来的能力。这种能力是一种区别于竞争对手的优势，在市场中的表现是一个企业向客户提供产品的数量和质量比其他企业处于优先的能力（蒲雪芹，2008）。

2. 竞争力的特点

首先，竞争力具有相对性的特点。竞争力表面看来似乎是“一个没有争议的简单概念，然而，当我们试图去测量竞争力的时候，才会发现其工作之困难，因为竞争力是一个相对的概念，而且通常会有多维的特点”（史春云等，2006；蒲雪芹，2008）。其次，竞争力具有综合性的特点。竞争力是一个具有层次性的综合概念，它显在的市场表现是由众多潜在的因素（包括内部因素、外部因素、主观因素、客观因素、可量化因素和不可量化因素等）共同作用的结果。再次，竞争力具有动态性的特点。动态性是竞争力最明显的特征，竞争优势随着内部资源和竞争环境的变化而变化。为此，有必要建立一套科学、合理的竞争力评价方法，以保证提高竞争力的努力有的放矢。竞争力评价则是指借助竞争力影响因素而建立起来的指标体系，对竞争力水平进行评估的过程（蒲雪芹，2008）。

3. 城市竞争力的定义

城市竞争力是衡量城市综合实力的指标（周梦婧，2020）。在推进城市化的过程中，越来越多的专家学者开始将目光投向城市之间的竞争（庄国栋，2018）。首先，城市竞争力是指一个城市在国内外市场上与其他城市相比更加具有创造财富的能力；其次，城市竞争力是指城市创造和维持城市自身发展的资源优化配置的能力；再次，城市竞争力是指比其他城市更具有对外协调的能力（蒲雪芹，2008）。关于城市竞争力的定义归纳，如图 2-2 所示。在城市之间的相互竞争中，引进城市竞争力的概念，可以全面考察城市的实力。

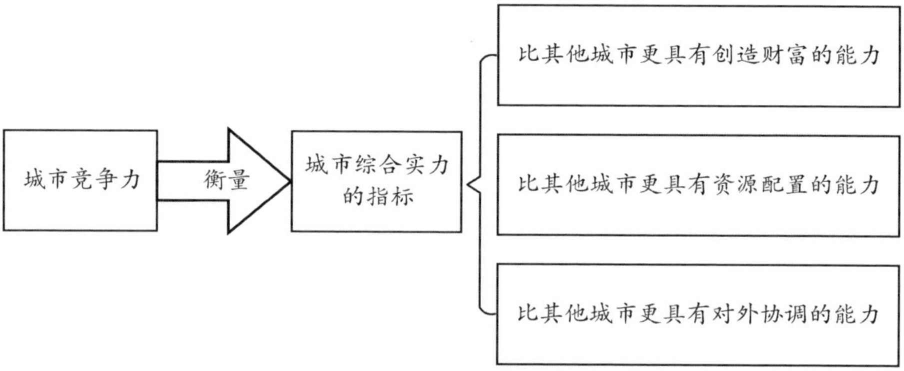

图 2-2　城市竞争力的定义

4. 城市竞争力代表性研究课题

城市竞争力是一个城市在国内外市场上与其他城市相比所具有的自身创造财富和推动地区、国家或世界创造更多社会财富的现实的和潜在的能力。城市竞争力综合反映了城市的生产能力、生活质量、社会全面进步及对外影响。在 20 世纪 80 年代，美国最先开始竞争力研究，随之各国企业、政府、学界更加关注竞争力。城市竞争力研究起源于 Porter（1980）的国家竞争力研究，是建立在国家竞争力及企业竞争力模型的基础之上的（黄颖，2019）。表 2-5 归纳了城市竞争力理论的研究成果及特点，图 2-3 则归纳了城市竞争力理论的历史脉络。

表 2-5　城市竞争力研究内容

代表性研究课题	研究内容	指标评价构成	作者或机构	年份
国家竞争优势的钻石模型	首次提出“竞争力”概念，提出国家竞争力理论，构建了国家竞争优势的钻石模型。然而并没有对竞争力的概念做进一步解释。	生产要素、需求情况、相关和支撑产业、战略和竞争对手、政府智能、机遇。	Porter	1980

续表

代表性研究课题	研究内容	指标评价构成	作者或机构	年份
弓弦箭模型	将城市竞争力看作一个复杂的混沌系统，概括表示为：城市竞争力=F（硬竞争力、软竞争力）+城市产业竞争力。	人力、资本、科技、基础设施、政府管理等。	倪鹏飞	2010
IUD城市价值链模型	在钻石模型基础上，结合产业竞争力理论和国际竞争力理论提出。	价值活动、价值流。	北京国际城市发展研究院	2002
旅游目的地竞争理论TDC	研究始于1993年，当年的AIEST会议探讨了旅游目的地竞争力问题。	TDC城市竞争力理论。	AIEST；Crouch & Ritchie	1993
	基于钻石模型，认为旅游目的地竞争力是为到访游客提供满意而难忘的旅游经历，构建了旅游目的地竞争力模型。	核心资源及其吸引力，支持产业及辅助资源，目的地的政策、规划及开发，目的地的管理、限制及扩张因素。	Crouch & Ritchie	1993
	在原有竞争力分析模型的基础上，构建旅游目的地可持续竞争力模型，为旅游竞争力的量化研究提供了参考模型。	经济、生态、社会、文化、政治等要素。	Crouch & Ritchie	2000—2003
	基于Crouch和Ritchie（1993）研究，认为如果旅游目的地的整体吸引力优于另一个目的地，则可体现其竞争优势。尚没有相关案例研究证明其模型的有效性。	资源禀赋、人造资源、支撑性因素和资源、目的地管理、环境条件和需求条件。	Dwyer & Kim	2003
品牌竞争力	提出了品牌资产（Brand Equity）这一概念，认为品牌竞争力是指企业的品牌拥有区别或领先其他竞争对手的独特能力。	忠诚度、品质认定、联想性、市场状况、知名度。	Aaker	1991

续表

代表性研究课题	研究内容	指标评价构成	作者或机构	年份
城市品牌竞争力	城市品牌竞争力感知内容主要表现在提升城市知名度、美誉度、推荐度方面。	知名度、美誉度和推荐度。	庄国栋	2018
目的地竞争力感知	在 Crouch 和 Ritchie（2003）等的基础上建立了一个基于游客感知的旅游目的地竞争力模型。	可访问性和信息可用性、旅游属性、价格与价值、目的地管理和营销。	Fang Meng	2006

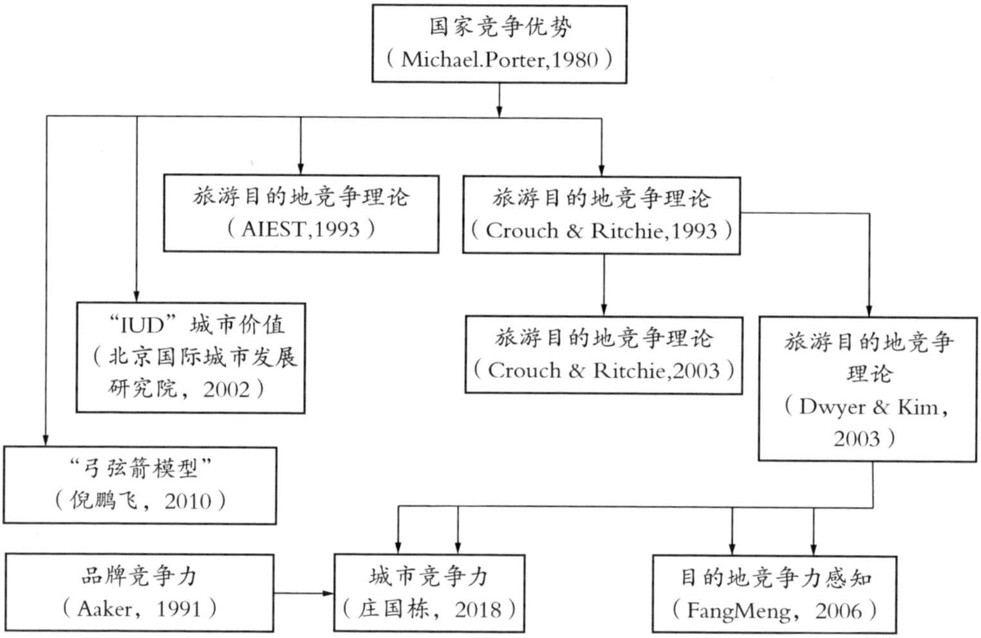

图 2-3　城市竞争力理论的历史脉络

从表 2-5 和图 2-3 我们可以得知，大部分关于城市竞争力的相关文献建立在 Porter（1980）国家竞争力的理论基础上，主要的研究方向大体集中在旅游目的地（Tourism Destination）竞争力的研究上。从使用的数据来看，随着概念模型、数学模型及经济学、系统学、行为学等多种方法的运用，竞争力研究从单纯的定性描述研究向精确的定量评价研究发展。实践研究中所使用的分析数据可以分为两大类：第一类为国际权威组织（如世界银行、WTO、WTTC 等）或国家公开发布的数据（Published Data），第二类为游客问卷调查数据（Survey Data）。

虽然上述内容在城市竞争力领域具有代表性，然而它们的理论和模型并不能随意使用，从游客角度评价城市竞争力的研究有待完善（万珂，2011），城市必须保证其整体吸引力等于或超过其他城市（史春云等，2006）。史春云等（2006）提出能够满足游客偏好与需求是城市竞争力的直接体现。下文将具体对基于游客感知的城市竞争力进行梳理和归纳，提炼关于城市竞争力感知的概念和构成要素。

第二节　音乐节与节事

一、节事的概念

音乐节属于“特殊节日与事件”（Special Festival and Event）的范畴，因此从本质上来说，研究音乐节对城市形象的影响，实际上是研究节事对城市形象的影响。节事方面的研究最早产生于20世纪60年代的欧美，其核心理论基础是节事营销理论，其中Getz（1991）的定义最受推崇。Getz从顾客角度给出了特殊事件的定义，认为特殊事件是顾客在日常体验或正常生活之外的一种休闲，是社会化或文化体验的机会。这个概念被后来的研究者们多次引用，得到了多数学者的认可。特殊节日与事件具有地域性和文化性，即特殊节日与事件是在某一具体地域开展，具有明显特征，还具有浓郁的文化韵味、多样性和交融性（张学梅等，2013），有很强的参与性和娱乐性（于世宏，2011）。特殊节日与事件的内容丰富、内涵广泛，开展的形式多样，是文化活动、商业活动、大众参与的集合（张学梅等，2013）。

Getz（1997）认为，节事是经过策划和准备后，在短时间内发生的文化性、商贸性、科教性、文体性、娱乐性或私人性事件的总和。戴光全（2007）认为，节事是以一段特殊的时间，为纪念某个人物、事件或庆祝某种重要作物收获而举办的一系列文化、娱乐、狂欢及博览等活动，是人们在日常生活经历之外的一种文化、社会和娱乐体验的机会。节事包括文化、体育、商务、会展、博览、宗教或综合性的各类活动（刘源，2006）。节事的内容更多地倾向于传达一种积极的文化和理念（徐颖，2006）。

节事具有吸引性，即节事应该具备强大的吸引功能，让参与者有强烈的感知，有想去的心理愿望。节事的参与者具有双重身份，也就是说节事参与者同时也是游客，在对节事产生评价的同时，对节事举办城市也进行相应的评价（张学梅等，2013）。节事是以吸引区域内外游客为目标，从而举行的规模不等、主题特定且包含多种旅游项目的事件（徐智丽，2010）。Getz（1991）提到节事是一种公开、有主题的活动，以塑造城市吸引力，加强游客对地方特色的印象带给城市软硬件的建设与经济成长。游客通过参加节事，可以暂时从日常生活中脱离出来，进入一个完全不同的状态，可以脱离现实生活中的压力，尽情享受节事带来的不同体验（阮文佳，2016）。

二、音乐节的概念

音乐节是某个国家的某个城市，在某一季、某一特定地点，就某一特定主题举办的一系列公众参与的音乐庆祝活动（Getz，1997；徐颖，2006；Andersson & Getz，2008），具有无形性、周期性（徐颖，2006；Andersson & Getz，2008）。音乐节是现代节事的典型代表，最早起源于西方，是在特定空间、特定时间举办的音乐演出。根据演出场地的不同，可以分为室内音乐节和户外音乐节（孙欢，2020）。国际上有许多音乐节的动机已不完全是从纯音乐的角度举办，而是结合音乐节对当地城市的影响效益等方面综合考虑，力求精神与物质双丰收。达到这一水准的世界著名音乐节如萨尔茨堡音乐节、拜鲁伊特音乐节、爱丁堡音乐节、北京国际音乐节等。

音乐，是城市居民精神、思想和感情的声音载体，音乐节作为一种文化现象，是城市文化的社会行为和观念的反映，是城市历史和传统的积淀，是城市文化发展的体现（夏巧云，2013）。根据 Bowen 和 Daniels（2005）的说法，音乐节是以音乐为最重要的文化价值的传播活动，通常伴随着与音乐节主题直接相关的其他活动。音乐节最初举办的动机多是注重音乐本身带给人的感官和精神上的美好体验，后来随着社会经济和文化的不断发展，逐渐渗入商业因素，成为一种同时追求精神愉悦和经济效益的大型节事活动。而作为一种带有艺术内涵的节事活动，音乐节既有庆典的性质，又带有经济因素（陈长华，2013）。音乐节调动了大批的音乐家、音乐制作者、承办者、记者和歌迷等参与其中，带动了当地的发展（曾永华，2009）。

三、音乐节研究内容

据目前关于音乐节的文献，可以将音乐节研究内容归纳为三个方面，即音乐节管理研究、音乐节供求关系研究、音乐节影响研究（戴光全、保继刚，2003），如表 2-6 所示。

表 2-6　音乐节研究内容

研究方向	研究内容
音乐节管理研究	其研究视角是基于音乐节主体（包括主办者、赞助者）内部的协调运作，具体包括组织机构管理、项目和服务管理、人力资源管理、收益管理以及金融和风险管理等五个方面。
音乐节供求关系研究	其研究视角是基于音乐节客体本身，其中供给方面具体包括音乐节生产（运作）过程的全部环节，需求方面具体包括与音乐节消费者的沟通及其构成的市场两个部分。在音乐节供求关系研究中，音乐节策划与音乐节旅游规划、市场研究、市场营销及音乐节主体与音乐节消费者的沟通相互关联，构成音乐节供求关系的核心内容，通常作为因变量进行研究。
音乐节影响研究	其研究视角是音乐节客体与其存在发展的周围环境的关系，而音乐节的影响研究最重要的基础内容是音乐节发展趋势及其相关因素的分析。

本研究将探究音乐节管理研究的第三个方面，即音乐节影响的研究，探寻音乐节作为事件客体与其周围环境的关系，研究音乐节对城市的影响，探讨如何更好地发挥音乐节对城市的作用。

四、音乐节的影响效应

杨乐平、张京祥（2008）借鉴了 Boyce 等（1972）的研究，认为音乐节拥有独特的形象、影响城市的转变、吸引大量游客、吸引媒体报道等特性，对应前文所说的四个影响效应，即形象、影响力、吸引力、传播力。笔者除参考有关音乐节影响效应的相关文献之外，还参考了有关其他节事影响效应的文献以充实本研究，如表 2-7 所示，将音乐节形象、音乐节吸引力、音乐节传播力和音乐节影响力作为音乐节的影响效应的四个研究维度。

音乐节形象是研究音乐节影响效应的重要切入点。音乐节形象评价直接反映了音乐节的基本属性（李慧，2014）。研究音乐节形象评价可了解到音乐节参与者对音乐节的基本反映，可使管理决策有的放矢，有益于营销策略的制定（谭健萍，2013）。对于城市管理者和音乐节主办方来说，研究音乐节形象可以更好地把握音乐节市场开拓的方向。对于音乐节参与者来说，良好的音乐节形象可以激发音乐节参与者的兴趣，驱使音乐节参与者前往音乐节举办城市，减小音乐节参与者与音乐节举办城市的空间与心理距离，提升对音乐节举办城市的好感（纪丽萍，2006）。因此，音乐节形象是城市管理者和音乐节策划者需要考虑的范畴。

音乐节吸引力是研究音乐节影响效应的重要维度。研究音乐节影响效应不仅要研究音乐节形象，更应了解音乐节吸引力，因为节事营销的主要核心就是透过设计话题性事件以引起媒介关注、消费者关心等（侯玉芹，2019）。音乐节能够为游客提供与日常生活截然不同的体验，对游客有着强大的吸引力（阮文佳，2016）；可以吸引大量游客，提高游客参观率，吸引音乐节参与者参加城市的各项活动，促进城市发展（夏巧云，2013）。因此，音乐节吸引力是研究音乐节影响效应的重要考量。

音乐节传播力是研究音乐节影响效应的另一重要维度。音乐节在营销传播功能的重要性不容忽视。音乐节的展示作用不仅为本地居民、外来游客所体验，而且为大众传媒所聚焦，构成人际传播、组织传播、大众传播的信息源，最终形成区域文化吸引力和文化软实力（刘少和，2009）。音乐节需要通过整合传播媒介发挥最大的城市营销功效（王亚楠，2013）。因此，音乐节的传播力是音乐节影响效应研究不可或缺的环节。

音乐节影响力是研究音乐节影响效应结果的直接考量（夏巧云，2013）。音乐节一旦举办，必定会产生影响与效应。我们常说音乐是无国界的，是人类通用的语言。音乐作为我们人类内心深处的情感升华，无论是哪种音乐表现方式都在表达着人类共同的情感诉求。正因为特殊的表达方式，它潜移默化地对我们的认知、情感产生着巨大的影响。音乐节的影响力已经不局限于音乐节自身，更彰显着音乐节举办城市的文化和形象。音乐节影响力是音乐节影响效应研究的出发点和最终的落脚点（赵凯越，2019）。

表 2-7　节事以及音乐节研究

研究维度	研究题目	作者	年份
音乐节吸引力 音乐节形象	*An Investigation into the Relationship between Destination Image and Music Festival—A Case Study of 2010 Taichung Jazz Festival.*	Yi-Ni Tsai	2011

续表

研究维度	研究题目	作者	年份
音乐节形象	*Miri City as a Festival Destination Image in the Context of Miri Country Music Festival*	Joseph 等	2015
节事形象 节事吸引力	*Effects of Hosting a Sport Event on Destination Brand, a Test of Co-branding and Match-up Models*	Xing，Chalip	2006
节事形象	乡村节事旅游活动品牌形象的实证研究——以罗平油菜花节为例	卢政营	2009
节事形象	大型体育赛事与城市品牌形象塑造——以全运会为例	李慧	2014
节事形象 节事吸引力	节事营销战略对城市品牌塑造的影响研究	谷园园	2017
音乐节吸引力	中国户外音乐节的运作模式及其对城市形象的影响	成功伟、邢盼盼	2016
音乐节吸引力	基于扎根理论的古村落景区节事旅游吸引力研究	米雪、程静静	2019
节事吸引力	体育节事旅游吸引力及赛事营销效果的研究——基于广州亚运会的实证研究	袁婧婧	2012
音乐节吸引力 传播力	基于整合节事营销传播理论的城市节事旅游研究——以厦门中秋旅游嘉年华为例	朱铁	2014
节事吸引力 传播力	“西安年·最中国”品牌节事营销传播研究	李梦坤	2019
音乐节传播力	国内户外音乐节传播策略研究——以迷笛音乐节为例	宋昕	2016
节事传播力	论节事活动的网络营销传播	徐智丽	2010
音乐节影响力	艺术节事的影响研究	徐颖	2006
音乐节形象 音乐节吸引力 音乐节传播力 音乐节影响力	重大事件项目对城市发展的影响	杨乐平、张京祥	2008
音乐节传播力 音乐节影响力	*Measurement of the Impact of Music Festivals on Destination Image: The Case of a Womad Festival*	Paulo & Jose	2018

续表

研究维度	研究题目	作者	年份
音乐节吸引力 音乐节传播力 音乐节影响力	北京国际音乐节对提升我国文化国际影响力的作用力	赵凯越	2019

从上述资料可以看出，有相当一部分从形象、吸引力、传播力、影响力四个维度对节事或音乐节的影响效力进行研究。虽然有众多学者对音乐节的形象、吸引力、传播力、影响力进行研究，但是由于各人选取的研究角度、音乐节的类型、研究对象、研究地点的不同造成了所获得的结论存在差异。

（一）音乐节形象

音乐节形象的研究起步较晚，音乐节形象的研究参考了节事形象的研究（Tsai，2011；Li，2014；Joseph 等，2015；Liu，2021），而节事形象的研究多是在目的地形象理论和节事营销理论基础上进行的（阮文佳，2016）。表 2-8 的研究资料显示了音乐节形象和节事形象的相关研究内容。从表 2-8 的论述中，我们可知音乐节形象是音乐节参与者记忆中对音乐节的形象感知，音乐节形象由认知形象和情感形象构成，是对音乐节的整体感知评价。

表 2-8　音乐节形象的研究

研究内容	研究者	年份
节事形象是消费者对节事的实际或联想出来的内涵或属性的一种感知，提出了在赞助活动中节事形象创建和形象转移的模型。	Gwinner	1997
借鉴目的地形象理论，首次提出节事形象是游客对节事构成要素的主观评价。	Chalip & Xing	2006
发展了 Chalip 和 Xing（2006）的观点，提出节事形象是节事参与者的主观感知，可以由认知形象和情感形象等构成。	Kaplanidou & Vogt	2007
借鉴了目的地形象的理论，认为音乐节形象同样包括认知形象和情感形象，透过认知形象和情感形象的评估可以理解游客对节事的感受。	Tsai	2011
通过调查 Miri 音乐节的游客，研究了其音乐节形象评价，探究游客对 Miri 音乐节形象的认知。	Joseph 等	2015
音乐节形象是人们对音乐节的整体评价，来自对音乐节各个属性的整体认知。	Li	2014
音乐节形象是音乐节参与者对音乐节的反应感知。	Liu	2021

（二）音乐节吸引力

音乐节吸引力的研究参考了节事吸引力的研究。节事是重要的旅游吸引物

（Getz，2008），音乐节的吸引力是游客参与音乐节的重要动机（姜嵘嵘，2019）。Getz（2016）指出，节事的动力在于其吸引力。音乐节的动力也在吸引力，是音乐节活动成败的关键力（杨洋，2019）。表 2-9 资料呈现了音乐节吸引力是吸引游客离开习惯环境参与音乐节的能力。

表 2-9　音乐节吸引力研究

研究内容	研究者	年份
从旅游吸引力的角度分析了节事的重要构成属性。	Getz	1991
节事是发展最快的旅游吸引物之一，是城市吸引游客的重要手段。	Cromton	1997
探讨了节事吸引力的影响因素。	吴必虎	2001
提出节事吸引力是能吸引游客离开习惯环境的能力。	Lee & Crompton	2003
节事立足于民俗文化，对广大参与者有极大的吸引力。	Quinn	2006
节事是旅游三大吸引物之一，让游客离开习惯的地点。	Getz	2016
认为音乐节吸引力是吸引游客离开习惯环境的能力，制定并验证了有关音乐节吸引力的相关量表。	杨洋	2019
音乐节吸引力是指对观众的吸引能力的大小，塑造强大音乐节吸引力是音乐节的重要任务。	赵凯越	2019
吸引力是指游客离开习惯环境并产生感知的程度。	Mi & Cheng	2019

（三）音乐节传播力

随着音乐节活动举办数量的不断增多，对音乐节的传播力研究也日益增多。“传播”往往是用来表现主体或信息源进行资讯、看法、观点等资源的交换和互通的过程。音乐节是一个大型的、综合的整体，它用各种静态或动态、具体或抽象（如舞蹈、电影、音乐、展览等）的形式，与观众进行有效的互动过程，在其中传达某种信息或观念，使得这种互动达到良好的效果，因此可以说音乐节本身就是各种传播手段的综合体，其本质是一种营销传播服务（林佳斌，2016）。音乐节传播力的研究参照了其他节事传播力的研究，相关文献如表 2-10 所示。

表 2-10　音乐节传播力研究

研究内容	研究者	年份
分析了举办节事对城市形象的传播。	李宗城	2007
节事为大众传媒所聚焦，构成人际传播、组织传播、大众传播的信息源。	刘少和	2009
音乐节在营销传播其组织运营过程中的重要性不容忽视。	徐智丽	2010
整合传播媒介可发挥节事的最大功效。	王亚楠	2013

续表

研究内容	研究者	年份
从音乐节的营销手段入手，提出了音乐节主办方应该扩大音乐节的宣传范围，增强传播效果。	Simon	2013
分析了中国178个节事，总结出了区域主导的协作传播模式、渠道融合主导的整合传播模式和价值创新主导的互动传播模式。	邓皓静	2016

从上述资料可知，大部分人是从游客感知角度来研究音乐节的传播力。可将音乐节传播力分为两点：第一，音乐节传播的广度，即音乐节的知名度，音乐节的知名度越高，吸引的游客范围越广；第二，音乐节传播的深度，即游客对音乐节的预期的认同度。游客可以通过对音乐节信息的获取途径，了解音乐节传播的广度与深度，譬如亲朋好友（人际传播的媒介）、电视、网络、宣传册、旅行社推荐等（刘德鹏，2015）。具体量表评价可参考第三章的内容。

（四）音乐节影响力

正如前文所提到，音乐节影响力是研究音乐节的重要方向。有相当多的文献从不同的角度研究音乐节的影响力，如表2-11所示。Maria（2011）认为音乐节的经济效益十分巨大，应利用音乐节开发地方特色文化，产生综合经济效应。音乐节不仅可以丰富城市吸引物，增加城市旅游资源，还有助于提升城市视觉形象，改善城市的硬件设施和文化氛围（成功伟，2016）。

表2-11　音乐节影响力研究

研究内容	研究者	年份
节事具有有形影响和无形影响。有形影响，如节事对经济、媒体、财政等产生影响；无形影响，比如节事对社会产生影响等。	Dwyer	1999
节事会产生个人影响、社会影响、文化影响、政治影响、经济影响、环境影响。	Carlsen & Getz	2000
节事会产生经济影响、社会文化影响、环境影响。	Sherwood	2004
节事对目的地形象、媒体、商业、经济、社会、环境产生影响。	Fredline	2005
应利用音乐节开发地方特色文化，产生综合经济效应。	苏蓉	2011
节事对地方社会、经济、政治、文化、环境、旅游产生影响。	王朝辉等	2012
节事对地方社会、经济、环境产生影响。	杨英	2014
节事对地方政治、文化、经济、环境产生影响。	张凌云、杨善林	2014
节事对区域、地方经济产生影响。	赵敏燕	2015
音乐节有助于提升城市视觉形象，改善城市的硬件设施和文化氛围。	成功伟	2016

综上可认为，音乐节或者节事影响研究所围绕的核心维度的相似性较高，主要集中于经济、社会文化与环境三个维度。关于经济、社会文化与环境三种节事影响维度，袁箐（2017）做了可靠性验证。后文将参考袁箐的评价方式，即通过经济、社会、环境等角度分析音乐节影响。具体量表评价可以参考第三章内容。

第三节 城市形象

一、城市的定义

要界定城市形象，首先得弄清什么是城市。城市本质上是人类的交易中心和聚集中心，让生活变得更美好，其发展也成为人类社会发展文明的主要组成部分，是伴随着社会生产力发展起来的，但城市在发生学意义上并非完全是经济目的的结果（柳建坤、何晓斌，2020）。Mumford（1961）指出城市是“文化容器”，是现代化发展的核心动力。城市就是一个剧场、一个舞台、不仅具有生产性、服务性功能，也具有象征性和表达性功能（莫智勇，2013）。城市是推动文明进步的重要物质和文化力量（柳建坤等，2016）。

二、城市形象的概念

最先提出城市形象的是Lynch（1960），他在文章*The Image of the City*中认为城市形象的主要构成要素包括路、边、区、节点、标示等方面，并强调城市形象是通过人的综合“感受”而获得。在此的启发下，学者陆续开始关注城市形象这个领域，引入社会发展学的视角，分别从管理学、营销学、传播学与设计艺术等角度去探讨和分析城市形象，大部分人认为城市形象是城市在社会大众中的总体印象与评价（王莉，2011）。

国内外学者关于城市形象的概念阐述如表2-12所示。

表 2-12　城市形象概念

研究者	概念	年份
彭靖里等	城市形象是指一个城市的内部公众与外部公众对该城市的内在综合实力、外显前进活力和未来发展前景的具体感知、总体看法和综合评价。	1999
董晓峰等	城市形象指一个城市在其经济、社会、文化、生态综合发展过程中，逐步形成并不断发展的整体风貌及它在公众心目中形成的印象和看法。	2000
刘卫东	城市形象就是城市景观特色，是城市存在意义的注释，也是城市性质、结构和功能的艺术表现形式。	2003
Pike & Chris	城市形象由多个因素构成，包括认知形象和情感形象。	2004
Beerli & Josefa	城市形象包括对文化、自然、社会属性、城市基础设施的认知和游客可能产生的对城市的感觉和情绪。	2004
王东强、田书芹	城市形象是社会公众、市民和游客对城市的整体印象和评价。	2008
乌铁红	根据 Crompton（1979）的相关定义总结城市形象的定义，认为城市形象是感知主体对城市的综合感知，是一个人对城市信任、观念和印象的总和。	2010
莫智勇	城市形象是指社会公众对一个城市的内在与外在、实体与虚拟的整体信息综合体的认知、感觉以及心理综合反映后的整体评价与总体印象。	2013
聂艳梅	城市形象是在对客观存在的主观评价，但是这种主观评价的对象仍然是客观的存在。	2015
郭可等	城市形象是公众对城市的经济资源、基础设施等物质要素和历史文化等非物质要素的整体印象和评价，既体现了城市的历史积淀和发展现状，也包含了对城市未来发展潜力的展望。	2018

从表 2-12 可以看出，城市形象的概念参考了目的地形象理论。城市形象是构成城市的所有要素的外在综合反映，是人们对由这些要素有机构成的城市整体现状和趋势的综合印象、看法和评价（王洋，2008）。本研究采纳的是在音乐节活动，音乐节参与者视野下的城市形象。从音乐节参与者的角度来说，城市形象是音乐节参与者通过各种传播媒介或实地经历所获得的城市各种要素资源所形成的意念要素的集合，是城市的客观形象在音乐节参与者心中的反映（卢政营等，

2009）。值得一提的是，由于城市形象相关文献时常运用到“目的地形象”一词，因此，除非特殊说明，本研究所使用的“目的地形象”和“城市形象”代表相同含义。

三、城市形象的构成要素

在研究文献中，关于城市形象构成要素的界定非常多，在具体用法上也多有不同，但大多数国外学者都是从游客心理活动的角度进行界定的。Crompton（1979）认为：“形象是一个人的信念、想法和印象的总和。”在城市形象的构成成分上，大多数学者都支持“认知—情感”的二维结构。城市形象包括城市认知形象（Cognitive Image）和城市情感形象（Affective Image）。城市认知形象指关于城市的知识和信念，城市情感形象指对城市的情感反应，如表 2-13 所示。

表 2-13 城市形象的构成要素角度及定义

构成要素角度	定义	研究者
认知角度	城市形象是新的观点和印象的综合，是大量相互关联的城市信息的精炼和简化，是人们加工和提炼城市大量原始数据的产物。	Kolter（1993）
	城市形象是指人们对某个城市的属性认知，这种认知会对城市形象产生一定的信仰和看法。	Vaughan（2001），Gil（2009）
情感角度	城市形象是人们对城市的某种情绪感受。	Russell & Snodgrass(1987)，Prentice 等（1998）
	城市形象是城市与人们之间形成的一种心理关系。	张宏（1999）
认知和情感角度	通过实证，证明城市形象包括认知形象和情感形象。	Stern（1993）
	研究了城市认知形象和情感形象的共同作用。	Son（2005）
	城市形象是顾客对城市的整体形象的评价，由人们对城市文化、自然、基础设施等的感知和对城市的感觉和情绪组成，是一种主观理解。	李慧（2014）

综上所述，城市是文化的容器，是各种礼俗和传统文化构成的整体，是音乐文化的载体。其中，认知形象反映了对城市特征的了解，城市情感形象反映了对城市的情感反映。然而，Baloglu 和 Brinberg（1997）指出单纯聚焦于城市认知形象或情感形象的研究是不恰当的，这样会导致城市形象测量的完整性问题（李慧，2014）。本研究在李慧（2014）研究的基础上，将城市形象定义为游客对城

市的整体形象评价，由认知形象和情感形象组成。

第四节　城市竞争力感知

笔者发现，有必要基于游客的视角来研究城市竞争力，同时还应建立相关的竞争力评价体系。这无论是在学术上还是在现实中都具有价值意义。因此，如何更好地吸引游客，把握好游客的决策心理与游客的需求来扩大游客市场，在与对手竞争中获得优势是本研究的重点。

一、城市竞争力感知研究的必要性

城市竞争力的理论基础，一方面主要源于Porter（1980）“竞争优势”理论，其基本内容是通过实行竞争战略，进而提升城市表现，从而获得竞争优势（高颜超，2014）；另一方面源于比较优势理论，它主要强调资源的条件和吸引力，应充分利用其优势资源，获得竞争优势（史春云等，2006）。在上述理论基础上，可以发现城市竞争力研究角度分为“卖方”视角和“买方”视角，目前研究者多从“卖方”视角进行研究（高颜超，2014）。站在游客感知的角度探索城市竞争意义重大，当今越来越多的学者开始研究在游客感知视角下的城市竞争力。史春云等（2008）和乌铁红（2010）都提出游客的感知对于辨识城市竞争优势非常重要，作为城市的规划者和管理者只有充分了解游客心理，才能开展相对应的营销策略。

二、城市竞争力感知的概念

城市竞争力感知只能说是一个相对的概念，表2-14给予一些呈现。

表2-14　城市竞争力感知概念

研究者	概念	年份
D' Hartserre	城市竞争力是游客关于城市提供商品和服务的能力考量。	2000
Dwyer & Kim	城市竞争力是游客关于城市提供产品和服务的能力方面的考量，是一个多维度的综合性概念。	2003
Enright & Newton	城市竞争力是城市可以吸引和满足游客需求的能力。	2004

续表

研究者	概念	年份
蒲雪芹	在 Crouch 和 Ritchie（2000）理论的基础上认为，城市竞争力感知是该城市在游客心目中具备的竞争优势。如果游客在一定的时间段内对一个城市的选择多于其他城市时，即可说明这个城市相对于其他城市具备竞争优势。	2008
庄国栋	城市竞争力是城市为提升自己在市场中的优势地位，满足游客的需要，对资源进行优化配置的能力。	2018
黄颖	城市竞争力是帮助城市获取市场优势竞争地位和优化城市资源配置的能力。	2019

根据表 2-14 中的相关论述，可以发现城市竞争力感知的概念正好与前文所说的城市竞争力是城市资源优化配置的能力的理念相吻合，强调了游客的感知在这一过程中的重要性。综上可以总结出城市竞争力感知的具体概念为游客对城市满足其需求的一种能力评价，与其他城市相比，该城市在游客心目中具备竞争优势。游客会选择心目中最向往、最具竞争力的城市作为目的地，当游客对一个城市的评价优于其他城市，说明该城市具备竞争优势（蒲雪芹，2008）。

三、城市竞争力感知的构成要素

城市竞争力感知评价的关键环节就是要识别城市竞争力感知的构成要素（邵革君、王贵清，2014）。以 Aaker（1991）、Keller（1993，1998）和 Kotler（1993，1999）等为代表的城市品牌和品牌竞争力理论为城市竞争感知构成要素的建立提供了启发。正如 Kotler（1993，1999）提到“品牌竞争是比竞争者更有效率地满足消费者的需求”，“企业与消费者之间的无形契约的深入就形成了品牌竞争力”（李海鹏，2012）。上述理论关于顾客感知需求的理念给了研究者们很大的启发。从图 2-4 可以看出品牌竞争力与城市竞争力感知的关联。

当今有相当多学者借鉴了品牌竞争力理论的概念，认为城市知名度、城市美誉度和城市推荐度构成了符合相对性特征、综合性意义和动态性特点的城市竞争力感知的评价体系，如表 2-15 所示（庄国栋，2018）。由于中国和西方城市发展的历史脉络、功能、结构有差异，所以本研究将在借鉴西方理论的基础上，找到适合中国厦门市的城市竞争力感知构成要素，即城市竞争力感知由城市知名度、美誉度和推荐度组成。值得一提的是，在 2017 年通过的中国国家标准化管理委员会制定的城市竞争力评价标准体系内容中，特别提到了城市知名度和城市美誉度等城市竞争力感知的构成要素，如表 2-15 所示。这说明城市知名度、城市美誉度和城市推荐度这三项城市竞争力感知的要素是中国国家官方城市竞争力感知的评价指标，选择城市知名度、城市美誉度和城市推荐度作为城市竞争力感知的研究维度符合中国国情。

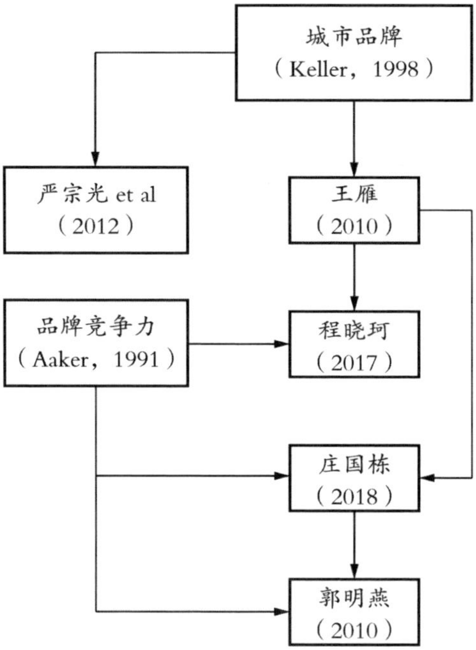

图 2-4　受品牌竞争力影响的城市竞争力感知文献以及脉络关系

表 2-15　城市竞争力感知构成要素的研究

研究维度	研究内容	研究者	年份
城市知名度 城市美誉度	旅游城市品牌竞争力比较研究。	王雁	2010
城市知名度 城市美誉度	旅游目的地品牌竞争力模型及指标体系构建研究。	严宗光等	2012
城市知名度 城市美誉度	基于顾客视角的城市品牌竞争力影响因素研究。	程晓珂	2017
城市知名度 城市美誉度	中国国家层面发布城市竞争力评价标准体系。	中国城市报	2017

续表

研究维度	研究内容	研究者	年份
城市知名度 城市美誉度 城市推荐度	国际旅游城市品牌竞争力研究。	庄国栋	2018
城市知名度 城市美誉度	山东旅游区域品牌竞争力评价研究。	郭明燕	2018

城市竞争力的评估是以公众在文化心理层面所建立的认同联系为基础（陈云松等，2015），城市知名度代表游客对城市的实际感受情况（程晓珂，2017）。城市管理者会整合使用不同沟通工具及营销方式，将城市相关信息散播出去。其中，城市的营销包括城市口号、标识、传播以及大型活动（如举办音乐节等）。城市知名度就是积极营销、口碑传承的结果（程晓珂，2017）。

城市美誉度代表广大公众对它的评价以及好感情况。丁润生（2002）认为知名度是美誉度的基础和前提，美誉度是知名度的提升和导向。好的美誉度给城市带来正面的评价，一定程度上反映了它的建设成效和市场表现状况。在注重顾客体验和口碑传播的时代，一旦拥有美誉度，就在无形中加速了城市品牌的正面传播，吸引到更多注意力，直接影响到城市竞争力的大小（程晓珂，2017）。

城市推荐度是城市竞争力感知最终的落脚点，反映了城市竞争力最高层次的境界（庄国栋，2018）。站在城市营销的角度，最为关键的是能使游客带着美好回忆离开并且愿意将城市的良好体验告知他人，展开优质的口碑传播，宣传城市，吸引更多的游客前往目的地城市。一个有竞争力的城市应当通过游客的推荐行为不断为该城市产生新的游客，从而拥有稳定的游客流市场（史春云等，2008）。

由于本研究重点关注的是从游客的视角来研究音乐节的举办对城市竞争力感知产生什么影响，而上述所说的城市知名度、城市美誉度和城市推荐度可以很好地反映出音乐节给城市竞争力感知的结果，因此本研究将城市知名度、城市美誉度和城市推荐度作为研究城市竞争力感知的构成要素。

（一）城市知名度

城市作为文化在地理空间上的重要载体，它在全球范围内的知名度是城市综合竞争力的重要组成部分（陈云松等，2015）。知名度是20世纪50年代兴起的认知心理学的核心概念，后来属于管理科学范畴中的一个概念，是在公共关系学和组织行为学中经常涉及的一个热门话题（张东娇、李桂英，2006）。学者们也基于各自研究的领域给出了各自关于知名度和城市知名度的概念，如表 2-16 和表 2-17 所示。

表 2-16　知名度的概念

定义	研究者	年份
品牌知名度是潜在购买者认识或记起该品牌的能力。	Aaker	1991
知名度是指某种品牌被社会公众认识和了解的程度。	张圣亮	2001
知名度是被社会与公众知道和熟悉的程度。	张平治	2011
知名度是被公众了解的程度。	胡书芹	2013

表 2-17　城市知名度的概念

概念界定	研究者	年份
城市知名度是游客（包括潜在游客）对城市的识别、记忆程度。	李蕾蕾	1999
城市知名度是指城市内外公众对城市区域的知晓程度和认知程度。	赵丁涛	2000
城市知名度是指游客对城市识别、记忆的状况，其本身无好恶之分，但好与恶都可以提高知名度。	赵玉军	2001
城市知名度是指城市被公众知晓、了解的程度。	胡书芹	2013
城市知名度是指游客对城市的认知，理解的程度。	张学梅等	2013
城市知名度在本质上是以城市的生产性和发展性要素为基础所建构的影响力的体现。	陈云松等	2015
城市知名度是社会成员在对某一城市进行评价过程中所取得的一致性认识。	柳建坤、何晓斌	2020

结合上述定义，我们可以看出学者们是基于不同的研究对象和研究视角给出了各自研究领域中对于城市知名度的理解。其应用范畴不同，指向对象不同，知名度的含义不相同（王洋，2008）。但是，大部分学者认为城市知名度是游客知晓和认知城市程度，城市知名度能够反映游客（包括潜在游客）对城市的识别程度，反映了游客或消费者对城市知不知道的问题，本研究将以此作为城市知名度的概念。此外，可以推断城市知名度是研究城市美誉度和城市推荐度的基础，这让抽象的城市知名度指标具备测度量化的可能。

（二）城市美誉度

研究城市美誉度对城市可持续发展十分重要，城市美誉度对城市今后的经营发展策略的调整具有重要作用。Melto（2012）认为美誉度可以作为竞争优势的来源。在信息技术日益发达的局面下，城市美誉度的传播速度都十分迅速，尤其是城市的负面信息，任何有损于城市名誉的行为或事件就可能给该城市带来消极影响。目前，各个城市都开始注意到城市美誉度的重要性。

早在 20 世纪 80 年代，就有学者研究了美誉度的重要性。然而，当今针对城市美誉度的研究仍然有限（韩静，2021）。到目前为止，学者们对城市美誉度的研究仍然没有得到一致的结论（卢良栋，2016）。此外，当下很少有学者将“美誉度”单独作为研究主体（王瑞，2017）。和前文相似，如今有部分研究者根据 Aaker（1991）的品牌竞争力理论基础研究城市美誉度，并建立一套基于游客角度的城市美誉度指标体系。当然，也有学者在其他理论的基础上建立城市美誉度概念和体系。美誉度和城市美誉度的相关概念和研究内容如表 2–18 和表 2–19 所示。

表 2–18　美誉度的概念

定义	研究者	年份
美誉度是主体基于自身认知而对客体产生的一种积极心理反应。	马谋超	1995
美誉度是指公众通过与多家企业的比较后，形成的对一家企业的感情估值。	Cable & Graham	2000
美誉度反映了外部利益相关者对企业是“好”而不是“坏”的判断。	Roberts & Dowling	2002
美誉度是一个社会组织获得公众赞美、称誉的程度。	张东娇、李桂英	2006
美誉度是从整体出发，在广义上对一个企业的好感。	Lange 等	2011
美誉度就是信任度和名誉度，是公众对产品的信任和赞誉的程度。	刘宇辉	2013
美誉度是有褒贬倾向的一项社会指标，是对组织道德价值的判断。	王瑞	2017

表 2–19　城市美誉度的概念

概念界定	研究者	年份
城市美誉度是游客（包括潜在游客）对一个城市信任、接纳和欢迎的程度。	李蕾蕾	1999
城市美誉度是对城市的信赖水平和好感程度。	粟路军、黄福才	2012
城市美誉度是大众对城市的评价。	陈婷	2015
城市美誉度是指游客对于先前在城市的各种体验的一个总体评价。	周莎莎	2017
城市美誉度是游客在城市评判过去行为和未来发展前景后，结合自身对城市的期望而产生的信任和偏好。	李文俊	2019

续表

概念界定	研究者	年份
城市美誉度是指内部和外部利益相关者的主观和客观评价。	Alyaa Darwish	2019
城市美誉度是城市游客根据城市过去行为和结果的集合表征，是对城市的总体感知和评价。	王纯阳等	2020
城市美誉度是已达成统一的认识，是对城市的总体评价。	韩静	2021

根据表2-18和表2-19，可以发现研究者们是基于各自的研究需求给出了对美誉度和城市美誉度的理解。综上，可以发现城市美誉度是游客对城市美丑、好坏的评价和情感的估值，是对城市赞誉的程度具有道德属性的判断和评价，能反映游客参访城市之后，对城市的信任、接纳和欢迎程度（田逢军等，2019）。本研究将运用上述观点作为城市美誉度的概念。如果从战略管理的视角来看，良好的美誉度是企业的竞争优势（卢良栋，2016），好的城市美誉度往往是优质产品和服务的信号（马北玲、粟路军，2014）。Alyaa 和 Peter（2019）认为，良好的城市美誉度会增强城市的竞争优势。

（三）城市推荐度

目前单独研究推荐度的文献较少，多是通过结合忠诚度品牌、口碑等概念分析，如表2-20所示。推荐度属于消费者的角色外行为（刘建新、范秀成，2020），有时候它所产生的新顾客群可能成几何式增长（林小森，2010）。推荐度和城市推荐度的概念和相关研究如表2-20和表2-21所示。

表2-20　推荐度的概念

推荐度定义	研究者	年份
从口碑的角度，推荐度是指消费者主动向其他群体推荐使用该产品的可能性。	江林	2013
推荐度是指消费者向特定或不特定的对象介绍或评价产品、服务、品牌或组织，并促进消费者购买或参与的积极态度。	Dubois 等	2016
推荐度是指向身边人推荐等利于企业的行为。推荐度表现为消费者倾向于向他人分享其积极消费体验。推荐度是消费者将良好主观情感向他人推荐的心理行为。	孙振杰、冷莉娜	2019

表 2-21　城市推荐度的概念

概念界定	研究者	年份
城市推荐度是指当游客在城市体验到优质的服务、产品等，直接向他人推荐该城市的行为。	Yoon & Uysal	2005
城市推荐是指游客在完成一项城市活动后向他人进行正面传播城市综合性评价的过程。	Lin & Huang	2006
城市推荐度主要指游客主动向他人或亲友推荐该城市或传播城市积极方面的评判。	Chen & Tsai	2007
城市推荐度是指游客向其亲友推荐城市的评判。	司马丹	2007
城市推荐度是指游客向他人推介该城市的意愿强度。	林小森	2010
城市推荐度是游客向自己的亲戚或朋友推荐曾去过的城市的意愿。	李润	2014
城市推荐度是指游客向亲友推荐城市的可能性评判。	张洋	2017
城市推荐度是愿意把该城市分享，推荐给他人的行为意向。	吴文智等	2021

根据表 2-20 和表 2-21，可以发现研究者是基于各个研究领域分析和论述推荐度和城市推荐度的定义和理解。综上，一方面我们可以发现城市推荐是游客主动对亲朋好友和身边的人推荐该城市的行为意愿；另一方面城市推荐度对于城市管理者来说具有战略意义，是城市竞争力感知最高一层的维度评价（庄国栋，2018）。本研究认为，城市推荐度是游客主动向他人或亲友推荐或传播城市积极方面的意愿评价强度的大小。

第五节　音乐节对城市形象的影响

赵凯越（2019）提出，音乐节对城市形象会产生重要影响。从影响的效果上看，众多学者提出并验证了音乐节不仅对城市形象产生重要影响，而且扮演着营销和塑造城市形象的重要角色。音乐节提供了优化城市形象的机会，观众、音乐和城市之间有了明显的联系（Gibson，2009）。林佳蓉（2011）指出，音乐节已被认为是塑造城市形象的有效工具之一。McKercher 和 DuCross（2002）提到，音乐节举办数量日益提高，提供了许多当地的文化设施和博物馆，展示了当地的建筑艺术、宗教和历史，以及当地独特的生活方式。林咏能（2008）验证了音乐节对城市形象的塑造有极佳的效果。此外，不少学者从不同角度提出音乐节对城市形象影响的观点，本研究除参考有关音乐节影响城市形象的相关文献外，还参考其他节事影响城市形象的文献以充实，具体如表 2-22 所示。

表 2-22　音乐节影响城市形象的相关文献

研究观点	研究者	年份
这些特殊的旅游活动可以极大地促进当地的商业化和整体形象的创造。	Richards & Wilson	2004
节事是塑造城市形象的过程，能带给城市非同寻常的标识作用，对城市的作用相对集中。城市形象往往随着节事的举行而得到实质性的提升。	刘源	2006
城市举办音乐节，可以产生明显的经济效益和社会效益，树立城市形象。音乐节在客观上影响着举办城市的社会经济发展和整体形象的塑造。	蔡洁	2006
事件会对发生地的形象产生影响。	Kaplanidou & Vogt	2007
举办音乐节可以展现一个城市自身的历史文化特色。	林咏能	2008
节事的举办促使政府加强对城市基础设施的完善，对城市建设、绿化实行合理的规划，改善城市视觉形象。	赵曦岚	2009
节事的开展，会促使举办城市修建与之相配套的城市基础设施、服务设施，并整治环境以达到对城市形象的再塑造。	金鑫、李毅	2010
文化活动为差异化提供了一个创造品牌的机会，提高了活动举办地的形象。	Lorenzini，Calzati & Giudici	2011
音乐节是城市空间的营销元素，举办音乐节能让城市与市民紧密结合。	林佳蓉	2011
节事是展示城市新形象的一种手段，为城市的更新提供了机遇。	于世宏	2011
节事可以帮助当局重新定位这些地点的城市形象。	Valle，Mendes & Guerreiro	2012
节事可视为营销城市的一种管道，不仅提高了城市容量，增加了城市安全感，而且改善了城市基础设施，从而形成良好的口碑效应，优化城市形象。	李慧	2014
适当地规划音乐节可以帮助改变游客对目的地的形象。	Liu	2014
节事是影响城市形象的重要因素。	聂艳梅	2015
音乐节是根据每个活动的特点、类型和规模来塑造目的地形象的有效催化剂。	Paulo & Jose	2018
举办音乐节是推广地方形象最快、最容易的方式。	侯玉芹	2019

综合以上观点，可以发现无论是节事还是音乐节都对城市形象产生了深远的影响。音乐节可以优化城市的文化形象和城市的基础设施，创造城市全新的面貌，为城市形象搭建展示平台（徐智丽，2010）。近年来许多城市将音乐节视为地方发展的重要策略之一，因为音乐节可以将艺术表演、文化、创新能力、地方特色再现于举办城市，塑造了该城市独特的形象（林佳蓉，2011）。学者们陆续验证了音乐节对城市形象的影响，譬如 Jose 等（2018）提出并验证了音乐节对城市形象产生正向影响，阐明了不同的音乐节是如何影响城市形象的；Paulo 和 Jose（2018）以 Cáceres 举行的 WOMAD 为例，提出并验证了音乐节对城市形象产生正向影响，亦阐明了音乐节是如何影响城市形象的。值得一提的是，西班牙城市 Cáceres，与本研究的案例城市厦门市，都是联合国教科文组织认定的世界文化遗产城市。

因此，本研究提出假设 H1：音乐节对城市形象产生正向影响。

一、音乐节形象对城市形象的影响

前文的形象转移理论为音乐节形象对城市形象的影响构想提供了理论依据。具体来说，音乐节的作用使人们在潜意识里对“音乐节”与“城市”之间形成一种认知的转换，将音乐节形象与举办城市形象对应起来（刘源，2006）。本研究除参考有关音乐节形象影响城市形象的相关文献之外，还参考了其他节事形象或事件形象影响城市形象的文献，如表 2-23 所示。

表 2-23　音乐节形象影响城市形象的相关文献

研究观点和内容	研究者	年份
游客对事件形象的感知可以潜移默化地增加他们对城市的了解和熟悉度，并最终改善他们的城市形象。	Ferrand & Pages	1996
事件的形象可以积极地影响城市形象。	Xing & Chalip	2006
事件形象导致城市形象发生正向或负向的变化。	Green 等	2010
Baloglu 和 McCleary（1999）、Echtner 和 Ritchie（1993）认为音乐节形象中的认知形象和情感形象对城市形象有正向影响。	Tsai	2011
事件形象和城市形象有重叠的影响。	Bodet & Lacassagne	2012
提高体育赛事形象十分重要，因为它与城市形象之间具有联系。	Kaplanidou 等	2012

续表

研究观点和内容	研究者	年份
以 2010 年上海世博会为案例，提出并验证了事件—城市形象转移模型。	Deng & Li	2013
营销者们可以将节事形象转移到举办城市的形象当中，利用节事形象来宣传举办城市的形象。	李慧	2014
以 2008 年北京奥运会为例，验证了事件形象对城市形象的正向影响。	Lai	2016
提出音乐节的感知形象对城市形象产生正向影响，进行量化研究并通过了验证。	Paulo & Jose	2018

综上论述可以发现，游客对音乐节形象的感知可以潜移默化地影响城市形象。游客对音乐节形象评价的提高，会增加其对城市的兴趣，使游客对举办城市产生形象感知。通俗来说我们可以这么理解，通过参与音乐节，游客不仅保留了关于音乐节的形象记忆，还储存了举办城市形象的记忆。音乐节参与者对音乐节形象感知评价越好，则音乐节参与者对音乐节举办城市形象感知评价越好，反之亦如此。

因此，提出假设 H1a：音乐节形象对城市形象产生正向影响。

二、音乐节吸引力对城市形象的影响

Getz（1997）认为节事是提升区域形象的动态吸引物（Event Attraction），也是提升城市地位的催化剂。张岚等（2012）提到节事提供了塑造城市形象的机会，增加市民的荣誉感和凝聚力，举办节事可以吸引大量的国内外游客来访。世界各地许多城市都组织音乐节来吸引游客，并努力让他们每年都来（Paul 等，2018），办得好的音乐节能吸引数百万粉丝光临城市（Gibson & Connell，2005）。

音乐节的吸引力会影响城市的整体形象，换言之，音乐节对于城市来说是促销“城市”的一种手法，可以通过吸引人们到城市，亲身体验城市的社会、经济、环境，而城市可以借助筹办音乐节的契机优化城市形象。因此，举办音乐节不仅是为了吸引游客，更是为了区域发展、吸引商业投资、改善基础设施、创造就业机会，从而改善城市形象（Lorenzini 等，2011）。城市可以通过音乐节创造吸引力，树立城市良好的形象，以期吸引更多的游客和公众的注意。

因此，提出假设 H1b：音乐节吸引力对城市形象产生正向影响。

三、音乐节传播力对城市形象的影响

Getz（2008）提出，音乐节有助于积极宣传举办城市形象。音乐节是提升城市文化的媒介（夏巧云，2013），良好的城市形象是通过良好的传播来树立的，前者是后者的结果（蔡洁，2006）。音乐节通过文艺演出、展览、座谈、热点话题等方式不断推广城市的形象（蔡洁，2006）。近几十年来，音乐节的数量显著增加，每年不少城市都投资于推广音乐节（O' Sullivan & Jackson，2002）。音乐节传播力对城市形象影响的相关文献如表 2-24 所示，本研究除参考有关音乐节传播力影响城市形象的相关文献之外，还参考了有关其他节事传播力或事件传播力影响城市形象的文献。

表 2-24　音乐节传播力影响城市形象的相关文献

研究观点	研究者	年份
城市在节事期间能吸引较高的媒体覆盖率，对城市形象起到重要的宣传功效，从而在短期内强化城市形象。	刘源	2006
节事对城市形象能够产生聚媒、口碑、改善和名片效应。举办节事会吸引媒体的报道，进而促进城市形象的传播。	李宗诚	2007
根据游客的体验，音乐节形象的传播可以帮助发展音乐节举办城市的形象。	Getz	2008
节事本身就是一个能够集中展示城市风貌、多层次传播城市信息的媒介，具有独特的传播效应，对塑造和传播城市形象有着重要的作用。	林咏能	2008
音乐节是一个发展区域经济和传播主办城市正面形象的机会。	Rivero	2009
外界能借由节事的信息传递而累积具体形象，再透过各种传播渠道将城市形象传递出去。	侯玉芹	2013
举办音乐节可以说是一种策略，基于音乐节的力量来传播举办城市的形象。	Paulo 等	2018
节事是一种建构和传播城市形象的高效手段。	赵方方	2019

综上可以发现，音乐节是一个能够集中展示城市风貌、多层次传播城市形象的媒介，是传播城市形象的平台，是一个传递信息的工具。音乐节中的传播属性有助于塑造独特鲜明的城市形象，丰富城市文化内涵，可以将代表城市的文化特征通过音乐节作为媒介传播出去，发挥潜移默化的影响力，强化城市的辨识度。

因此，提出假设 H1c：音乐节传播力对城市形象产生正向影响。

四、音乐节影响力对城市形象的影响

Getz（1997）分析了节事对于城市的作用：强化地方意识，塑造城市形象。一个有影响力的节事，能够成为举办城市形象的代名词（王洋，2008；赵曦岚，2009），可以通过它所涉及的各个要素来影响举办城市的形象（王洋，2008）。Andrew（2006）认为，游客在谈及城市形象时，会联想到音乐节所产生的一系列影响。

举办音乐节，展现一个城市自身的历史文化特色与城市形象已是现今广泛运用的方式之一，定期举办音乐节可以强化举办城市的形象特征。音乐节作为“地区名片”是营销地方的有效手段，是地方巩固和塑造形象的契机。如格莱美音乐节作为音乐节影响力对城市形象影响的典型，全球 175 个国家、200 多个城市同时实况转播，20 亿观众收看。举办城市通过音乐节向全世界传声扬名，无形的影响对举办城市的发展起到不可估量的作用（王洋，2008）。

因此，提出假设 H1c：音乐节影响力对城市形象产生正向影响。

第六节　城市形象对城市竞争力感知的影响

城市形象的优劣关系到城市能否在激烈的市场竞争中制胜，因此有学者从游客感知角度研究城市形象对城市竞争力感知的影响。城市形象反映的是城市的内在竞争力（徐文海，2014），良好的城市形象是城市竞争的有力武器（李青，2007），能够提升城市的竞争力，吸纳更广泛的游客资源，扩大城市经济实力和社会影响力（徐文海，2014）。有许多学者从不同角度提出城市形象影响城市竞争力感知的理论，如表 2-25 所示。

表 2-25　城市形象影响城市竞争力感知相关文献

研究观点	研究者	年份
城市形象会影响游客对其行为和偏好的感知，从而有助于提高该城市的发展和竞争力。	Echtner & Ritchie	1993

续表

研究观点	研究者	年份
游客对某一城市形象越积极，就越有可能将该城市作为备选方案。	Crompton & Ankomah	1993
塑造城市的新形象可增强城市吸引和留住资源的竞争力。	Short 等	2000
城市之间的竞争主要基于城市与竞争对手的感知形象的差异。为了获取竞争优势，有必要为城市开发积极的形象。	Baloglu & Mangaloglu	2001
城市形象对游客选择城市的决策过程具有决定性的影响，形象被认为是将城市与竞争对手区分开来的有效工具。	Cai	2002
城市形象为该城市赢得了更多的竞争力。	Kozak & Nield	2004
城市形象这一代表城市个性魅力的名词成为提升城市竞争力的重要工具。	史菲	2013

综上可以发现，构建良好且积极的城市形象，可以很好地提高城市知名度、美誉度及推荐度。一个城市的形象不仅是引发游客兴趣、激发游客参访该城市的重要因素，也是形成城市竞争优势的最有力工具（程金龙，2011）。

因此，提出假设 H2：城市形象对城市竞争力感知产生正向影响。

具体来说，本研究认为城市形象分别对城市知名度、城市美誉度和城市推荐度产生影响。

一、城市形象对城市知名度的影响

城市形象对外能够扩大城市知名度（徐志梅，2014），是城市的巨大财富和无形资产，它赋予城市以特别的性格与特征，在人们心灵中潜移默化，从而形成一种有利于识别其他城市，便于记忆的视觉符号系统，彰显城市个性和魅力。良好的城市形象能够迅速提高城市的知名度（朱俊成，2006），建立一个鲜明、独特而富于吸引力的城市形象，可以形成城市的自身优势，推动并提高城市知名度（朱洪端，2013）。

王洋（2008）认为，良好的地方形象能够显著地提高一个地区的知名度，增强公民的凝聚力，提高公民的素质。李青（2007）认为，推广和传播城市鲜明、独特的形象有助于提高城市知名度。胡书芹（2013）提到，宣传良好的城市形象是提高城市知名度的有效方式。陈红（2005）认为，宣传城市形象是扩大城市知名度的基本手段之一。城市形象的传播和宣传影响着城市的国际知名度，其生成机制和生成过程不断地重构人们对城市的认知（郭可等，2018）。

因此，提出假设 H2a：城市形象对城市知名度产生正向影响。

二、城市形象对城市美誉度的影响

城市形象的塑造必须以寻找城市之美为突破口，以创建和谐人居环境和提升城市竞争力为目标（朱俊成，2006）。Solomon（1998）认为，良好的形象可以建立起城市的正面口碑。朱洪端（2013）认为，优质的城市形象让游客宾至如归，从而让城市获得良好的美誉评价。陈阳（2018）认为，城市认知形象（如城市的自然风光形象和基础设施形象）直接显著影响着游客的口碑。

城市形象的优劣是影响游客行为的重要因素（Konecnik，2007），城市形象的评价越高，游客越对城市产生青睐（吴艾凌等，2019）。保继刚、楚义芳（1993）认为，游客在完成城市体验之后，会对城市形象做出综合评价，并向他人进行口碑传播。现有大量研究（Bigne 等，2001；柴海燕，2009；刘力 2013）表明，城市形象是影响城市美誉度的重要因素。此外，Enrique 等（2015）通过结构方程模型，验证了城市认知形象和情感形象对城市美誉度的正向影响。

因此，提出假设 H2b：城市形象对城市美誉度产生正向影响。

三、城市形象对城市推荐度的影响

De Vries 等（2012）指出，城市的成功取决于游客的广泛支持。良好的城市形象会让游客通过社交媒体向亲朋好友和潜在的游客推荐该城市，从而产生强烈的连锁反应，提升该城市的推荐度。城市形象的好坏将会影响游客未来是否向他人推荐该城市（Kanyanut，2018），而积极的城市形象有助于形成推荐意愿（张洋等，2017）。Qu 等（2011）的发现表明城市形象与推荐意愿有着密切的联系，游客的推荐意愿与城市形象之间的积极关系得到了多次验证（张洋，2017）。

Bigne 等（2001）通过对西班牙巴伦西亚的形象研究，得出结论：城市形象会对游客的推荐意愿产生正向影响。Chen 和 Tsai（2007）探讨了城市形象和游客推荐意愿之间的结构关系，证明城市形象与游客的推荐意愿直接相关。李润（2014）的实证研究显示城市形象对城市的推荐意愿产生正向影响（张洋，2017）。Prayag 和 Ryan（2012）证明了城市形象对推荐意愿的直接和间接影响。Kock 等（2016）验证了城市形象显著影响游客的口碑推荐。张洋等（2017）通过实证研究发现，推荐意愿受到城市认知形象和城市情感形象的影响。马奔等（2017）研究发现，游览森林景区的游客对景区环境特征的形象感知会积极影响游客的推荐意愿。

因此，提出假设 H2c：城市形象对城市推荐度产生正向影响。

第七节　音乐节对城市竞争力感知的影响

越来越多的研究人员开始关注节事在城市发展中的战略重要性，也有越来越多的研究人员开始研究音乐节对城市竞争力感知的影响。譬如 Bonnemaison（1991）和 Monga（2006）通过研究认为，举办节事可以集中大众媒体的传播报道，可以通过提升城市知名度和美誉度吸引大量国内或国际观众的消费，吸引潜在的公司和政府投资者，还可以吸引优秀人才的迁入兴趣。赵凯越（2019）提出音乐节可以提升城市的竞争力。音乐节可以在短时间内提升城市竞争力的诸多因子，可以在短时间内提升城市知名度、美誉度和推荐度。

因此，提出假设 H3：音乐节对城市竞争力感知产生正向影响。

一、音乐节形象对城市竞争力感知的影响

音乐作为听觉艺术，能使游客在观赏景观的过程中获得强烈的愉悦感（曾永华，2009）。Boo 和 Busser（2005）提到，音乐节的形象通常会影响到举办城市。音乐节能提高城市的知名度、美誉度、推荐度，为城市赢得跨越式发展的历史机遇。接下来，我们将论述音乐节形象对城市竞争力感知影响的具体细节，即音乐节形象分别对城市的知名度、美誉度和推荐度产生影响。

（一）音乐节形象对城市知名度的影响

音乐节作为一种文化活动和社会活动，其目的在于提升城市文化氛围和名气（刘丹、陈志钢，2017）。音乐节中的表演树立了举办城市的地方意识，起到推广当地的作用。音乐节已经不仅仅是展示和交流音乐的空间，其形象已发展成为一种新的城市营销方式和城市宣传手段（刘丹、陈志钢，2017）。音乐节举办期间，相关组织会直接或间接地将当地的信息传达给观众以及外围的人员。音乐节作为城市的营销方式，其成本低、影响力广，还能为地方打造城市名片（冯拓菲、隋欣，2014；宋昕，2016；刘丹、陈志钢，2017）。通过音乐节的独特形象，越来越多的人会了解这座城市（冯拓菲、隋欣，2014）。综上，可以说音乐节不仅仅是展示音乐的场所，其良好的形象更具有提升城市知名度的功效。

因此，提出假设 H3a：音乐节形象对城市知名度产生正向影响。

（二）音乐节形象对城市美誉度的影响

通过音乐节的举办，参与者对举办城市留下了美誉评价。一方面，音乐节举办时间集中、人流量大，对城市交通、食宿等要求较高，为了满足音乐节的需求，举办城市都会进行基础设施和服务设施的改造和完善，这无疑可以强化城市发展意识，提升城市美誉度（成功伟，2016）。另一方面，音乐节实际上是一个将音乐艺术“大众化”的过程，在提高地方美誉度上起到了其他活动所不能替代的作用。音乐节拥有众多艺术场所、场馆、设施作为支撑，依托愈来愈浓的都市文化艺术氛围，已然成为城市艺术气息的塑造者和都市文化蓬勃发展的催化剂。

因此，提出假设 H3b：音乐节形象对城市美誉度产生正向影响。

（三）音乐节形象对城市推荐度的影响

人们越来越多地开始研究并验证音乐节形象对观众未来行为的影响。音乐节形象的作用不容忽略，音乐节形象感知已成为预测音乐节参与者行为的重要决定因素，音乐节参与者对音乐节形象的评价会影响他们对音乐节的态度，从而促使他们产生推荐意愿行为。Beeho 和 Prentice（1997）通过研究发现，音乐节形象感知满足游客的需求时，他们会向亲朋好友推荐音乐节举办城市。具体来说，游客对音乐节的形象，如音乐节的服务、产品和资源的积极体验将可能通过音乐节参与者的口碑效应推荐给潜在游客（参与者的朋友或亲戚等）。

因此，提出假设 H3c：音乐节形象对城市推荐度产生正向影响。

二、音乐节吸引力对城市竞争力感知的影响

音乐节是基于区域自然、人文、经济、历史文化等资源特色，通过音乐节形式的系统策划、开发和营销，使之成为能给当地带来社会、经济、文化效益的一种特殊营销产品（张强，2013）。Mckercher（2016）提到，对于城市来说音乐节本身就是一种吸引游客的营销产品。Getz 和 Page（2016）认为，音乐节对吸引境内外游客，提升城市竞争力具有重大意义。接下来，可以发现音乐节吸引力对城市竞争力感知影响的具体细节，即音乐节吸引力分别对城市的知名度、美誉度和推荐度产生影响。

（一）音乐节吸引力对城市知名度的影响

Kotler（1997）提出，城市、地区和整个国家都致力于吸引游客，开展市场营销活动。音乐节有着强烈的吸引力，成为游客们去某些地方的主要原因

(Simeon & Bonincontri, 2011)。音乐节会引起社会公众的广泛关注和兴趣，吸引着成千上万的音乐节参与者从不同的地方前往举办城市（Paulo & Jose, 2018）。当然，也有其他节事吸引力对城市知名度产生影响的研究。肖锋等（2004）指出，节事为举办城市带来大量的游客，提升了举办城市的知名度。吴元文、王志成（2006）指出，节事能为举办城市吸引大量游客，提高举办城市的知名度。

因此，提出假设 H3d：音乐节吸引力对城市知名度产生正向影响。

（二）音乐节吸引力对城市推荐度的影响

音乐节吸引力的目的就在于利用口碑效应来增强城市营销推广的效果，会刺激游客向亲朋好友推荐城市。音乐节吸引力和游客态度之间的关系是息息相关的，游客不仅会主动向亲友推荐音乐节吸引力的一面，而且还会分享他对举办城市的感受，推荐举办城市。

张涛（2012）通过对参加澳门国际美食节的游客调查分析，得出吸引游客参与节事的动机是休闲放松、美食猎奇和文化探求，而这些动机会直接影响游客的城市推荐意向。这一观点与 Boulding（1993）、Parasuraman 等（1994）的研究结果相呼应，他们都指出，高质量的服务体验能够增强游客对城市的推荐意愿。

因此，提出假设 H3e：音乐节吸引力对城市推荐度产生正向影响。

（三）音乐节吸引力对城市美誉度的影响

Getz（1997）指出，节事的强大吸引力（appealingness）可以在短时期内使得举办城市的口碑获得“爆发性”的提升。越来越多的城市通过策划、组织和利用具有广泛影响力和巨大新闻价值的节事，吸引城市内外观众的注意力，以提高城市自身的美誉度。城市自身可以通过策划或者制造音乐节来吸引注意力，在这过程中大众有意无意地都会对举办音乐节的城市产生一定程度的关注。在音乐节结束后，游客的“口碑传播”会为城市的美誉度的建立做好铺垫。

因此，提出假设 H3f：音乐节吸引力对城市美誉度产生正向影响。

三、音乐节传播力对城市竞争力感知影响

城市的知名度、美誉度、推荐度需要通过媒介传播来实现，主办城市的经济发展、风俗习惯、城市面貌会通过媒体的报道遍及全球（陈瑜，2012）。音乐节和城市之间存在着很强的关系，当地的建筑、文化、设施通过音乐节来宣传，可用于吸引游客和加强城市的文化身份。

通过音乐节的宣传和报道，举办城市和国家的信息能够一夜之间传播到世界的各个角落，城市的曝光率会大大增加。这种曝光率会增进游客与城市之间的关

联，进而推动潜在游客在众多城市中选择音乐节举办城市作为参访目的地。因此，音乐节举办城市不会放过这么一个宣传城市的好机会，音乐节的传播能力增加了城市竞争的优势。接下来可以发现，音乐节传播力对城市竞争力感知影响的具体细节，即音乐节传播力分别对城市的知名度、美誉度和推荐度产生影响。

（一）音乐节传播力对城市知名度的影响

音乐节的宣传活动是城市知名度提升的重要手段（宗刚、赵晓东，2013）。音乐节在举办的过程中，会增加城市的宣传和推广力度，将城市的信息传播出去，通过电视广播、报纸杂志、网络媒体以及口径等方式传播。樊传果（2006）认为，节事的传播效果要高于其他的传播方式。

音乐节对举办城市的曝光提高了人们对举办城市的认知程度，从而进一步提高了城市的知名度。音乐节对城市知名度的影响主要通过各类媒体曝光音乐节的举办城市、时间、内容，甚至一些音乐节是以城市的名义来举办的，在宣传过程中对于城市的宣传甚至超过了对音乐节本身的宣传。一般情况下，音乐节的传播渠道越多、传播范围越广，相关群体对城市的认知度也就越高，反之亦然。

因此，提出假设 H3g：音乐节传播力对城市知名度产生正向影响。

（二）音乐节传播力对城市美誉度的影响

艺术始终被作为一种高尚的人类精神产物而被传播（徐颖，2006）。音乐节的宣传推广可以提高举办城市的美誉度。无论是个人或组织的美誉度，都离不开传媒的作用和影响，为了提升个人和组织的美誉度，必须充分发挥现代各类传媒作用，谁掌握了传媒，谁就有较高的美誉度（丁润生，2002）。金鑫、李毅（2010）提到，大量的节事活动的宣传可以提高主办城市的美誉度。一方面，音乐节通过人际传播提高了城市美誉度；另一方面，音乐节举办期间高强度、多方位、大规模的城市宣传，会形成巨大的轰动效应，迅速提升举办城市的美誉度。

因此，提出假设 H3h：音乐节传播力对城市美誉度产生正向影响。

（三）音乐节传播力对城市推荐度的影响

张学梅等（2013）认为，节事活动的宣传将产生连锁效应，刺激人们对活动举办城市进行更深入的了解，并向亲朋好友推荐举办城市。音乐节曝光越充分，音乐节和音乐节举办城市的相关信息就会越容易越广泛地传达给群众，越有助于人们深入地了解音乐节和音乐节举办城市，这有益于形成音乐节和音乐节举办城市相对稳固的印象，而好的印象则会进一步促发人们对举办城市进行更多的了解，并向亲朋好友进行推荐举办城市。

因此，提出假设 H3i：音乐节传播力对城市推荐度产生正向影响。

四、音乐节影响力对城市竞争力感知的影响

音乐节在本质上是具有城市特色的活动（朴美善，2017）。徐智丽（2010）提出，音乐节之所以受到组织者的青睐和媒体的关注，主要与音乐节所带来的影响效应有关——音乐节可以增强城市竞争力。除音乐节外，其他节事或事件对城市竞争力感知也会产生影响。陈瑜（2012）认为，大型体育赛事对于举办城市的知名度和竞争力的提升起到巨大的促进作用。朱付建（2014）认为，世博会对举办城市带来了巨大的社会效应和知名度，也为城市发展构建了核心竞争力，使它保持竞争优势。接下来可以发现，音乐节影响力对城市竞争力感知影响的具体细节，即音乐节影响力分别对城市的知名度、美誉度和推荐度产生影响。

（一）音乐节影响力对城市知名度的影响

音乐节是提高城市知名度的重要手段。一个拥有具有影响力的音乐节，可以在固定时间内吸引相当数量的游客来举办城市；成功的音乐节能够迅速提升举办城市的知名度。音乐节对内对外的影响力高低，可以直接影响城市的知名度，只有提高音乐节的影响力，才能使社会公众对城市产生认同感和信赖感（朴美善，2017）。除音乐节外，其他节事或事件也会对城市竞争力感知产生影响。比如，Ritchie 和 Smith（1991）以冬奥会为对象，发现大型活动影响力对举办城市的知名度深远影响（宗刚、赵晓东，2013）。大型体育赛事的举办对城市知名度塑造有极大的正面效应。近年来，一些大型节事的成功举办，在为举办城市带来经济收益的同时，也在很大程度上提高了举办城市的知名度（王洋，2008；张艳玲、罗丽，2021）。

因此，提出假设 H3j：音乐节影响力对城市知名度产生正向影响。

（二）音乐节影响力对城市美誉度的影响

音乐节所带来的影响效益将成为城市美誉度的“创造者”（宗刚、赵晓东，2013）。从音乐节的组织者角度来看，组织音乐节，其出发点也是希望该音乐节对城市的声誉是好的。音乐节的影响与音乐节举办期间的社会秩序等，会给城市带来正向或反向的舆论，如果是正面的舆论，将有利于举办城市在国际上的声誉。

因此，提出假设 H3k：音乐节影响力对城市美誉度产生正向影响。

（三）音乐节影响力对城市推荐度的影响

节事活动参与者可以通过音乐节中的各项内容，了解城市的自然景观、历史背景、人文景观和城市建设等，产生感性认识并津津乐道于他人，形成口碑效应（赵曦岚，2009）。陈瑜（2012）认为，在活动举办期间，有大量的游客涌入所

在城市，在活动结束之后，游客会通过口碑效应推荐举办城市。此外，有一部分文献说明其他节事或事件的影响力对城市推荐度的影响，如刘雅巍等（2015）认为体育赛事具有集众性，成功的体育赛事会让各地区、国家的运动员、教练员、裁判员、观众、官员以及其他相关人员通过口碑效应向他人推荐举办城市。

因此，提出假设 H31：音乐节影响力对城市推荐度产生正向影响。

第八节　城市形象的中介效应

学者们从不同的目的和角度研究城市形象的中介效应，有的说明了城市形象作为节事和行为意愿的中介变量，有的说明了城市形象作为游客涉入度和行为意愿的中介变量，如表 2-26 所示。

表 2-26　城市形象中介效应相关文献

研究内容	作者	年份
城市形象在韩剧对游客旅游意向的影响中存在完全中介效应。	刘力	2013
城市认知形象、情感形象两个维度在风险感知与重游意愿之间存在中介效应。	Chew	2014
城市形象在舆论对游客重游和推荐意向中起到完全中介作用。	李月调等	2019
城市形象在社交媒体与行为意向关系中起到完全中介作用。	李嘉钰、严艳	2019
城市形象在公共服务质量与游客行为意向关系中具有中介效应。	王小花	2020
城市形象在旅游涉入与游客行为意向的关系中具有中介作用。	巨凡哲	2020
城市形象在旅游本真性对地方依恋之间存在中介效应。	黄剑锋等	2020
城市形象在网络口碑与游客行为意向之间存在中介效应。	魏凡松	2020
城市形象在品牌象征认知和重访意愿之间起中介作用。	倪军等	2021
城市认知形象、情感形象在入境游客旅游参与、旅游体验、满意度对行为意向的关系中起到中介作用。	李东等	2021
城市形象感知在游客的涉入度与出境旅游意向之间存在中介作用。	龙春风	2021
城市情感形象在风险感知和旅游意愿之间起到中介作用。	刘小华	2021

续表

研究内容	作者	年份
城市情感形象在旅游海报中的呈现形式与城市出游意向之间起中介作用。	解嘉欣	2021
城市形象在导游的幽默程度与游客行为意愿关系中具有中介作用。	涂红伟、林宝民	2021
城市形象（城市认知形象）在城市马拉松赛道景观质量与参赛者重游意愿之间存在部分中介。	谢罡	2021

根据上述结论，发现城市形象可以很好地做到桥梁连接的作用。其中，关于城市形象作为中介变量的很多文献受到了 SOR（Stimulus-Organism-Response）理论的影响（倪军等，2021）。SOR 理论基于 Waston（1914）的“刺激反应”理论，由 Howard（1963）提出，Howard 和 Sheth（1969）最终修订而成。根据 SOR 理论，接受者通过心理刺激，引发有机体内认知、生理、情感和思维活动，进而产生内在或者外在的反应（倪军等，2021）。

如果按照 SOR 理论，那么对于音乐节参与者来说，音乐节作为外来信息，会对音乐节参与者产生感官刺激，音乐节参与者在接收到该刺激后，在大脑中形成对举办城市形象的评价，进而引发音乐节参与者对整个城市竞争力感知的评价，城市形象在这个过程中具有中介作用（魏凡松，2020；倪军等，2021）。邓明艳（2004）指出，城市形象的独特性在激烈的城市竞争中至关重要。李桂莎等（2019）论证了通过宣传片向游客传递真实的城市形象是提升城市竞争力感知的重要途径。Evans（2003）认为，城市可以通过举办音乐节寻求改变或增强其认知或情感形象来增加其城市的竞争优势。

结合前文的研究，提出假设 H4 和 H4 的分假设如下所述。

H4：城市形象在音乐节对城市竞争力感知的影响中产生中介作用。

H4a：城市形象在音乐节形象对城市知名度的影响中产生中介作用。

H4b：城市形象在音乐节形象对城市推荐度的影响中产生中介作用。

H4c：城市形象在音乐节形象对城市美誉度的影响中产生中介作用。

H4d：城市形象在音乐节传播力对城市知名度的影响中产生中介作用。

H4e：城市形象在音乐节传播力对城市推荐度的影响中产生中介作用。

H4f：城市形象在音乐节传播力对城市美誉度的影响中产生中介作用。

H4g：城市形象在音乐节吸引力对城市知名度的影响中产生中介作用。

H4h：城市形象在音乐节吸引力对城市推荐度的影响中产生中介作用。

H4i：城市形象在音乐节吸引力对城市美誉度的影响中产生中介作用。

第三章　研究方法

本研究以厦门市音乐节作为研究案例，探寻音乐节对城市竞争力感知的影响情况，主要运用结构方程模型方法。具体研究方法为：文献研究法，即通过收集和梳理相关文献，获得理论依据、假设模型、测量方法和量表等，为接下来的研究做好准备；深度访谈法，即通过深度访谈，修正研究问项，优化量表；问卷调查法，即将调查问卷分发给调查对象，收集定量数据，分别运用于预调研和正式调研；统计分析法，即将收集到的样本资料和数据进行数理统计和分析。本研究统计方法主要包括描述性统计分析法、探索性因子分析法、验证性因子分析法、中介效应分析法、假设分析法，采用 SPSS 25.0 和 AMOS 24.0 数据统计分析软件对数据进行分析和处理。

第一节　研究设计

前一章基于目的地形象理论、形象转移理论、节事营销理论、城市竞争力理论，探究音乐节对城市竞争力感知的影响。经过梳理，本研究构建了如图 3-2 所示概念模型框架。该框架借鉴了赵凯越（2019）、谷园园（2017）、李慧（2011）、Yi-Ni Tsai（2011）、庄国栋（2018）、Paulo 和 Jose（2018）、黄颖（2019）、Jose 等（2018）、Fang Meng（2006）的研究模型。

本研究设计包括理论研究、模型设计、实证研究、策略和建议、领域延伸五个部分探究音乐节对城市竞争力感知的影响，具体研究设计流程如图 3-1 所示。第一，在理论研究部分，通过查阅文献资料，将目的地形象理论、形象转移理论、节事营销理论、城市竞争力理论作为理论基础，在此基础上构建概念模型并提出研究假设。第二，在模型设计部分，定义研究变量和初始量表，通过深度访谈和预调研对初始量表进行修正，制定正式的量表和调研问卷，然后发放并收集

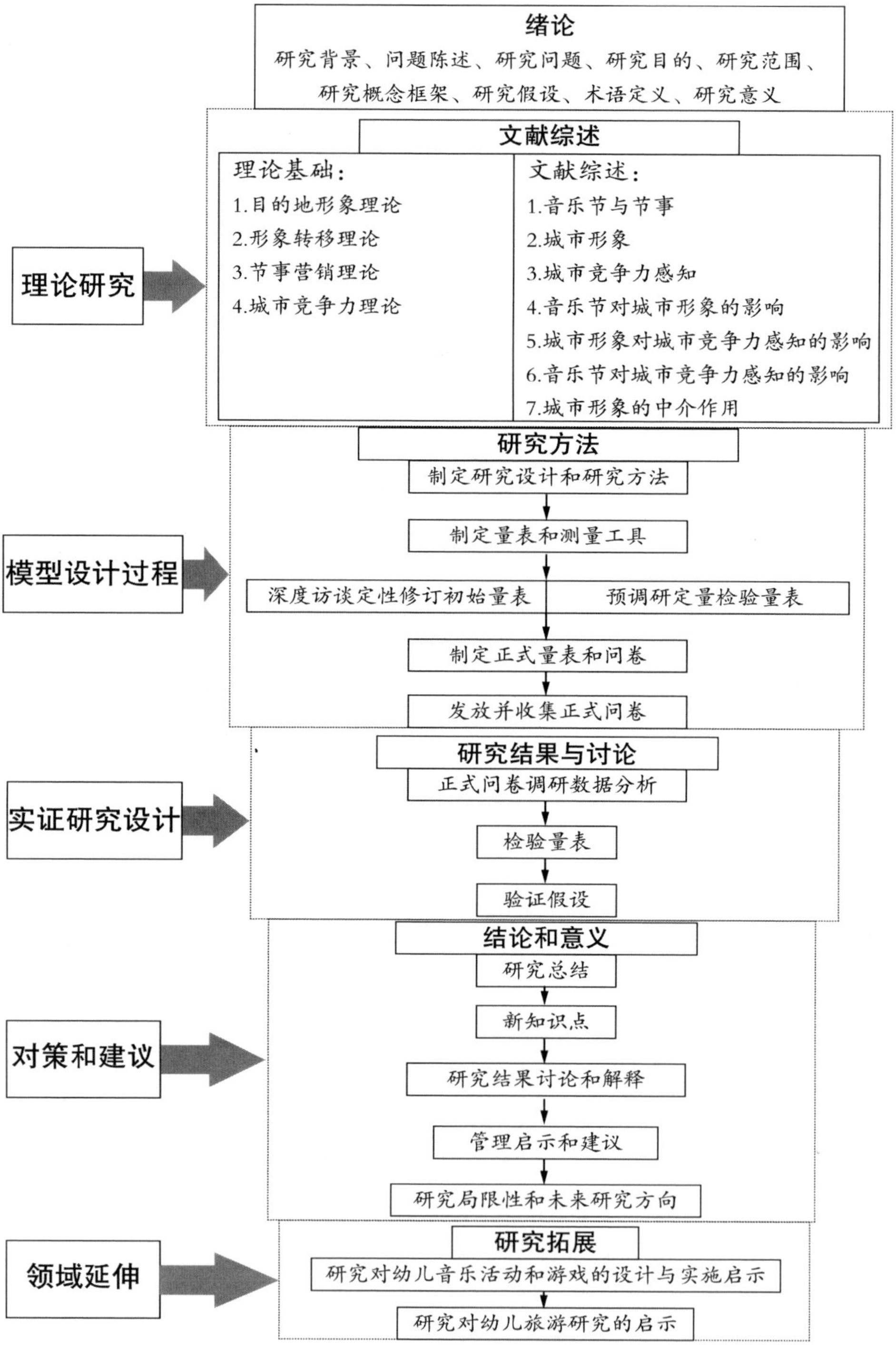
绪论
研究背景、问题陈述、研究问题、研究目的、研究范围、
研究概念框架、研究假设、术语定义、研究意义
理论研究
文献综述
理论基础：
1.目的地形象理论
2.形象转移理论
3.节事营销理论
4.城市竞争力理论
文献综述：
1.音乐节与节事
2.城市形象
3.城市竞争力感知
4.音乐节对城市形象的影响
5.城市形象对城市竞争力感知的影响
6.音乐节对城市竞争力感知的影响
7.城市形象的中介作用
模型设计过程
研究方法
制定研究设计和研究方法
制定量表和测量工具
深度访谈定性修订初始量表
预调研定量检验量表
制定正式量表和问卷
发放并收集正式问卷
实证研究设计
研究结果与讨论
正式问卷调研数据分析
检验量表
验证假设
对策和建议
结论和意义
研究总结
新知识点
研究结果讨论和解释
管理启示和建议
研究局限性和未来研究方向
领域延伸
研究拓展
研究对幼儿音乐活动和游戏的设计与实施启示
研究对幼儿旅游研究的启示

图 3-1　研究设计流程

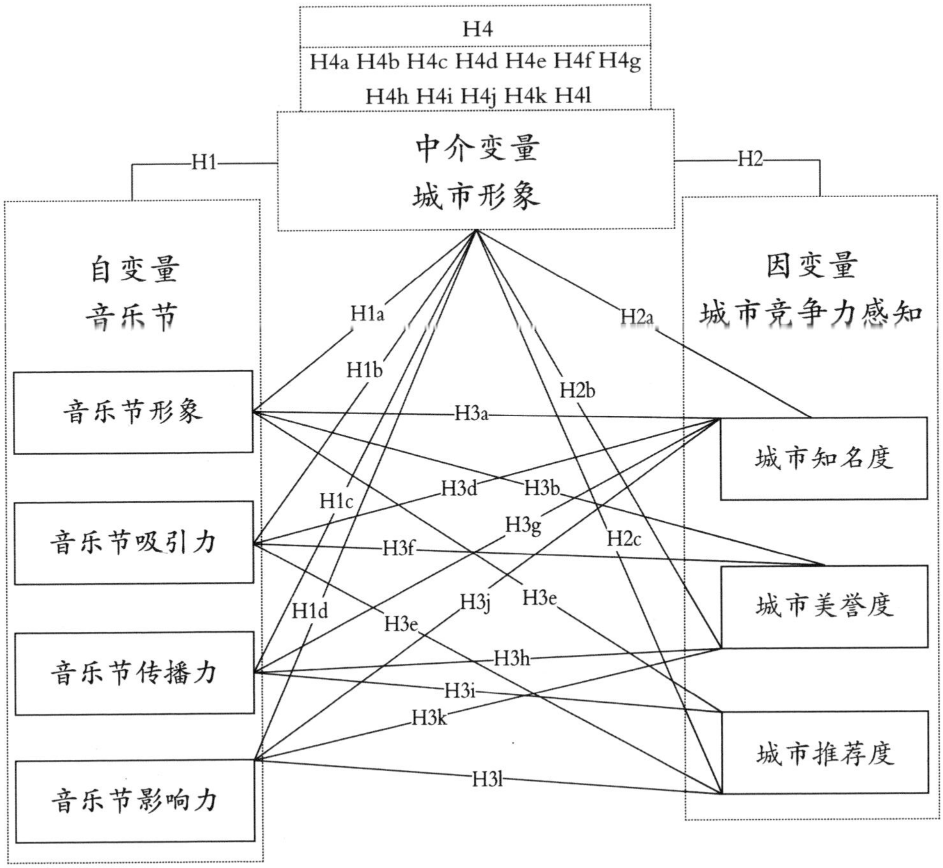

图 3-2 概念模型框架

问卷。第三，在实证研究部分，统计与分析正式调研问卷的数据，检验量表，验证研究假设。第四，在对策和建议部分，一方面，根据上述实证研究检验结果，得出研究结论，即音乐节是否对城市竞争力感知产生影响，音乐节影响城市竞争力感知过程中的因素有哪些，音乐节是如何影响城市竞争力感知等；另一方面，根据上述实证研究结果提出理论和现实的策略及建议，解决如何通过举办音乐节提升城市竞争力感知，并在前文研究的基础上指出本研究的局限性和未来方向。第五，为了进一步拓宽研究的视野和应用范围，在领域延伸部分深入探讨了本研究对学前教育领域的启示，不仅能增强研究的实用性和影响力，还可为学前教育领域提供有价值的参考和启示。

第二节　测量和测量工具

所谓测量，就是根据一定的法则，把某种物体或现象所具有的属性或特征用数字或符号表示出来的过程。测量的主要作用，在于确定一个特定分析范围的特殊属性的类别或水平（风笑天，2019）。它不仅可以对事物的属性做定量的说明（即确定特定属性的水平），也能对事物的属性做定性的说明（即确定特定属性的类别）。

在社会研究中，研究者常常需要测量一些抽象层次较高的概念，以及测量人们的态度、看法、意见、性格等主观性较强的内容。由于这些抽象概念和这些主观性的内容一方面具有潜在性特征，另一方面其构成往往比较复杂，因此在许多社会研究中，常常可以看到以量表形式呈现。调查研究是社会研究中一种最常见的研究方式。问卷是调查研究中用来收集资料的工具，在形式上是一份精心设计的问题表格，其用途是用来测量人们的行为、态度和社会特征（风笑天，2019）。这一节，我们将具体探究本研究的量表和问卷的制作情况。

一、量表和问卷的开发流程

第一阶段，通过相关文献阅读，得到音乐节对城市竞争力感知影响的相关理论支持，主要对 Yi-Ni Tsai（2011）、赵凯越（2019）、谷园园（2017）、李慧（2011）、庄国栋（2018）、黄颖（2019）、Fang Meng（2006）等人的观点的整理归纳，借鉴较为经典的成熟量表，建立了本研究的初始量表以及问项。

第二阶段，运用定性方法（即深度访谈法）来修订初始量表。因为音乐节具有本土文化特性，而厦门作为“音乐之城”，厦门的鼓浪屿作为“钢琴之岛”，整座城市都充满艺术气息（宋景，2018），考虑到厦门独特的人文特色，所以本研究决定选择有代表性的样本进行深度访谈，归纳访谈内容，根据访谈结果修正量表中的具体问项，优化量表。

第三阶段，在深度访谈的基础上，继续采用定量研究方法，通过预调研获得预调研数据，运用描述性分析法、探索性因子分析法、信度分析法筛选问项，进一步优化量表，形成最终的正式量表和正式问卷。

二、初始量表开发

开发初始量表，需要参考现有经典量表，获得具体指标。本研究要测量的变量主要有：自变量——音乐节，其维度分别为音乐节的形象、吸引力、传播力以及影响力；中介变量——城市形象；因变量——城市竞争力感知，其维度分别为城市的知名度、美誉度、推荐度。要开发一个高质量的量表，研究者需要收集许多文献资料，参考现有的经典量表。在参考前人经典量表的基础上，在相关专家建议指导下，本研究结合厦门当地情况，将变量当中的指标和问项进行适当的调整，从而得出初始量表。

（一）音乐节量表

根据前文，我们已知音乐节的影响效应可以由音乐节形象、音乐节吸引力、音乐节传播力、音乐节影响力组成。关于音乐节量表笔者主要选取 Yi-Ni Tsai（2011）、谷园园（2017）、Cheng（2014）、Zhang（2013）、袁箐（2017）的量表，并结合厦门市独有的城市特征进行设计，如表 3-1 所示。

表 3-1 音乐节量表

变量	一级维度	二级维度	三级维度	问题序列	测量项目	来源
音乐节	音乐节形象			Q1	看了音乐节让人心情放松	Yi-Ni Tsai（2011）、谷园园（2017）、Cole & Chancellor（2009）
				Q2	音乐节的音乐优美，赏心悦目	Yi-Ni Tsai（2011）、谷园园（2017）、Crompton & Love（1995）、Chen & Tsai（2007）
				Q3	音乐节内容是健康向上的	Yi-Ni Tsai（2011）、谷园园（2017）、Cole & Chancellor（2009）、Crompton & Love（1995）
				Q4	举办音乐节鼓舞人心	Yi-Ni Tsai（2011）、谷园园（2017）、Chancellor（2009）、Crompton & Love（1995）

续表

变量	一级维度	二级维度	三级维度	问题序列	测量项目	来源
音乐节	音乐节形象			Q5	音乐节的海滨环境优美，历史建筑令人流连忘返	Konecnik & Gartner（2007），杨洋（2019），米雪、程静静（2019）
	音乐节吸引力	预期质量	节事知名度	Q6	音乐节具有国际先进水准的演出场所和专业的表演团队	
		预期服务	餐饮设施服务	Q7	音乐节有当地美味的特色小吃和精美的艺术纪念品	Konecnik & Gartner（2007），杨洋（2019），米雪、程静静（2019）
			节事举办水平	Q8	音乐节的演出效果非常精彩	
		预期参与成本	经济成本	Q9	参加音乐节费用不贵	Konecnik & Gartner（2007），杨洋（2019），米雪、程静静（2019）
	音乐节传播力	传播偏好	深度	Q10	音乐节的宣传让人印象深刻	程单剑（2014）、张春华（2013）
		传播途径	广度	Q11	周围或者社交网络有人提过音乐节	程单剑（2014）、张春华（2013）
		传播信息量	强度	Q12	音乐节的宣传让我很想去观看	程单剑（2014）、张春华（2013）

续表

变量	一级维度	二级维度	三级维度	问题序列	测量项目	来源
	音乐节影响力	经济影响		Q13	音乐节有助于提高当地居民收入与生活质量	袁箐（2017）
		社会影响		Q14	举办音乐节可以提高个人素质及精神	袁箐（2017）
				Q15	举办音乐节有益于艺术文化传承和保护	袁箐（2017）

（二）城市形象量表

本处选取谷园园（2017）的城市形象的量表，并加入 Yi-Ni Tsai（2011）、Paulo 和 Jose（2018）“城市总体形象”量表。由于本研究的地点和上述研究者所选取的城市存在差异，因此城市形象的量表结合厦门市独有的城市特征做了调整。如表 3-2 所示。

表 3-2　城市形象量表

变量	问题序列	测量项目	来源
城市形象	Q16	厦门的住宿方便，酒店服务周到	Xin & Chalip（2006），Kaplanidou & Vogt（2007），李慧（2014），谷园园（2017）
	Q17	厦门的城市街道特别干净整洁	
	Q18	厦门是充满激情的城市	
	Q19	厦门是积极向上的城市	
	Q20	厦门是让人感到亲切的城市	

（三）城市竞争力感知量表

根据前文分析，我们已知城市竞争力感知由城市知名度、城市美誉度、城市推荐度组成。本处选取黄颖（2019）、庄国栋（2018）、Fang Meng（2006）关于“城市竞争力感知”的量表，结合厦门市独有的城市特征，设计出城市竞争力感知量表，如表 3-3 所示。

表 3-3　城市竞争力感知量表

变量	维度	问题序列	测量项目	来源
城市竞争力感知	城市知名度	Q21	与其他城市相比厦门市的城市营销能力更好	Fang Meng（2006）、庄国栋（2018）、黄颖（2019）
		Q22	与其他城市相比厦门市的城市功能更加完善	
		Q23	与其他城市相比厦门市的自然生态环境更加优美	
		Q24	与其他城市相比厦门市更加有历史底蕴和开放胸怀	
	城市美誉度	Q25	与其他城市相比厦门市的口碑更好	
		Q26	与其他城市相比我对厦门市文化娱乐服务更满意	
		Q27	与其他城市相比我对厦门市提供游客优惠服务更满意	
	城市推荐度	Q28	与其他城市相比厦门市是我首选的旅游城市	
		Q29	与其他城市相比我会经常来厦门市	
		Q30	与其他城市相比我会当面与亲友分享厦门市的旅游经历和感受	
		Q31	与其他城市相比我会运用网络媒体与他人分享在厦门旅游的经历	
		Q32	与其他城市相比我更热爱厦门市	

三、量表的修订和检验

（一）深度访谈和量表定性修订

本研究运用定性方法，即主要采用深度访谈法来修订初始量表。深度访谈的具体步骤为：首先，根据文献资料，界定音乐节、城市形象、城市竞争力感知的含义；其次，选取有代表性的研究对象，采取个别访谈；再次，对深度访谈的记录进行汇总、合并、归纳，得到初步题项；最后，请教专家对题项进行筛选。上述的深度访谈法将保证量表的信度和效度，最终得到本研究的初始量表。

1. 深度访谈的方法和过程

深度访谈时，先选择 20 名受访者，是来自厦门音乐节相关的专家、企业高管和政府官员。被访者主要由访谈人员引导，运用半结构访谈方法（Semi-Structured Interview）来获取信息。访谈时间大概 30 分钟，采用一对一的方式，通过电话、网络电话或现场面谈的形式，询问他们对厦门市音乐节、城市形象、城市竞争力感知等几个方面问题。为了进一步保证问卷的专业性，本研究就调查问卷内容多次请教导师及相关专业的教授，包括音乐学院教授以及管理营销学方面的教授，邀请他们从问卷布局、问项语意措辞等方面提出意见，最终得到本研究的初始量表。

2. 深度访谈结果分析

本次深度访谈进一步修订和确认了初始量表变量的问项和维度。下面将从音乐节、城市形象和城市竞争力感知三个方面逐次分析和归纳深度访谈的结果。

（1）音乐节

一方面，根据受访者提供的信息，从中找出符合厦门音乐节特征的词汇和语句，进一步填充和修改音乐节量表的问项。可以发现，比如“鼓舞人心”“专业”“国际性”“精彩”“内容积极”“音乐节地点环境优美”“音乐节提高了城市的经济效益”等词汇和语句在访谈中多次出现。特别是“专业”一词，出现的频率最高。在 20 位受访者中，有 8 位认为厦门音乐节“专业”，占比 40%。于是，本研究将上述关于音乐节的描述词汇和语句等表述加入量表问项。

另一方面，受访者都谈及了他们认为的关于音乐节的观点。有的侧重从音乐节感官形象的角度来描述音乐节，如 No. 2 的观点：“音乐节是很好的城市宣传方式，是一种直观的体验经历。音乐节要给人一种良好的形象。”有的侧重从音乐节影响效果来描述音乐节，如 No. 3 的观点：“音乐节首先要让人觉得赏心悦目，让人放松。其次，音乐节要鼓舞人心，寓教于乐。最后，要扩大音乐节的影响效果。”有的侧重从音乐节的传播作用来描述音乐节，如 No. 7 的观点：“音乐节可以扩大对外宣传。”又如 No. 15 的观点：“音乐节应该要面向大众，深化音乐文化普及和推广。”有的侧重从音乐节的吸引作用来描述音乐节，如 No. 11 的观点：“我觉得音乐节的表演效果可以吸引更多的人参访城市。”上述观点都强调了音乐节形象、音乐节吸引力、音乐节传播力和音乐节影响力的重要作用。正如 No. 1 所说："具体来说我们要提高音乐节的演出质量，要打造一个吸引观众眼球的、流传度高、有影响力的音乐节。"

（2）城市形象

根据受访者所提供的信息，本研究找出符合厦门城市形象特征的词汇和语句，用来进一步填充和修改城市形象量表的问项。可以发现，比如"积极的""整洁""倍感亲切"等词汇和语句在访谈中多次出现，特别是"倍感亲切"一词出现的频率最高。在 20 位受访者中，有 5 位认为厦门的城市"倍感亲切"，占比 25%。于是，本研究将上述关于城市形象的描述词汇和语句等表述加入量表问项。

（3）城市竞争力感知

一方面，根据受访者提供的信息，本研究找出符合厦门城市竞争力感知特征的词汇和语句，用来进一步填充和修改城市竞争力感知量表的问项。可以发现，比如"自然环境""历史底蕴""功能""营销能力""服务"等在访谈中多次出现，特别是"自然环境非常好"出现的频率最高。在 20 位受访者中，有 5 位提到了厦门的"自然环境"，占比 25%。于是，本研究将上述关于城市竞争力感知的描述词汇和语句等表述加入量表问项。

另一方面，受访者都谈及他们认为的关于城市竞争力感知的观点。有的侧重从城市知名度的角度来描述城市竞争力感知，如 No. 3 的观点："一个拥有竞争力的城市需要有良好的知名度。"又如 No. 11 的观点："拥有良好的营销能力和知名度的城市才能更好地体现出城市的竞争优势。"有的侧重从城市的美誉度来描述城市竞争力感知。如 No. 8 的观点："城市竞争力感知包括城市的口碑，该城市的各项服务是否比其他城市更佳。"有的侧重从城市的推荐度来描述城市竞争力感知，如 No. 14 的观点："城市竞争力感知要包括城市的魅力，比如这座城市是不是我首选的参访地，这座城市是否值得让我推荐给其他人。"

（二）预调研和量表定量检验

为进一步检验初始量表，在前面运用定性方法修订初始量表的基础上进行预调研。预调研的目的主要在于修正和构建各个结构变量的量表，检验预调研问卷的内部信度，这是验证研究模型的基础。

1. 预调研抽样

关于预调研的样本，为保证预调研的效果，本研究预调研的调研对象为参加过厦门音乐节的音乐节爱好者。笔者从 2020 年 12 月至 2021 年 1 月进行预调研。

预调研抽样方式为简单随机抽样，调查问卷通过现场、互联网等发放问卷。预调研共发放 150 份问卷，收到有效问卷 100 份。问卷无效的原因是未填完整或回答不认真（包括回答前后矛盾、问卷雷同等情况）。

2. 预调研数据分析

在获得预调研的样本数据之后采取描述性分析、探索性因子分析、信度分析等定量方法，进一步验证初始量表，最终确立正式调研的量表。该方法用于验证音乐节、城市形象以及城市竞争力感知构成的量表适用性、稳定性和科学性。

（1）预调研描述性统计

①预调研人口统计特征结果

在所选预调研样本中，女性 46 人，占 46.00%，男性 54 人，占 54.00%。年龄主要集中在 18—54 岁之间，占 96%；文化程度以大学本科和大专学历为主，占 89%；样本职业以个体工商户人员占比最多，占 33%；样本月收入以 5001 元以上的人员最多，占 28%；样本的地区分布情况，以来自省外的人员较多，占 43%。所有回答者均知道厦门音乐节的举办，并对厦门音乐节有一定的关注。具体情况如表 3-4 所示。

表 3-4　预调研人口统计特征

内容	题项	频数	百分比
性别	男	54	54.00
	女	46	46.00
年龄	18 岁以下	2	2.00
	18—24 岁	13	13.00
	25—34 岁	38	38.00
	35—44 岁	30	30.00
	45—54 岁	15	15.00
	55 岁以上	2	2.00
文化程度	高中、中专及以下	3	3.00
	大专	21	21.00
	大学本科	68	68.00
	硕士及以上	8	8.00

续表

内容	题项	频数	百分比
职业	政府和事业单位	22	22.00
	企业职工	21	21.00
	个体工商户	33	33.00
	工人	1	1.00
	农民	2	2.00
	学生	16	16.00
	军人	2	2.00
	其他	3	3.00
月收入	无收入	12	12.00
	2000 元以下	11	11.00
	2001—3000 元	10	10.00
	3001—4000 元	19	19.00
	4001—5000 元	20	20.00
	5001 元以上	28	28.00
居住地	厦门本地	26	26.00
	本省外地	28	28.00
	省外	43	43.00
	国外	3	3.00

②预调研描述性统计结果

本研究使用 SPSS 25.0 软件，计算预调研样本的均值、标准差、偏度和峰度，以判断数据是不是符合正态分布，即偏度系数是否小于 3，峰度系数是否小于 8。结果如表 3-5 所示：

表 3-5　预调研描述性统计结果

问题序号	均值统计	标准偏差统计	偏度		峰度	
			统计	标准误	统计	标准误
Q1	3.71	1.876	0.207	0.241	-1.059	0.478
Q2	4.10	1.487	0.107	0.241	-0.327	0.478
Q3	3.99	1.460	0.296	0.241	-0.431	0.478
Q4	4.10	1.867	-0.082	0.241	-1.144	0.478
Q5	3.03	1.251	0.574	0.241	0.471	0.478

续表

问题序号	均值统计	标准偏差统计	偏度		峰度	
			统计	标准误	统计	标准误
Q6	3.08	1.292	0.335	0.241	0.158	0.478
Q7	2.83	1.173	0.760	0.241	1.768	0.478
Q8	3.60	1.747	0.416	0.241	−0.467	0.478
Q9	3.06	1.188	0.768	0.241	0.850	0.478
Q10	3.71	1.365	0.251	0.241	−0.490	0.478
Q11	3.20	1.128	0.500	0.241	1.253	0.478
Q12	3.79	1.200	0.309	0.241	−0.255	0.478
Q13	2.91	1.215	0.555	0.241	0.897	0.478
Q14	2.79	1.274	0.494	0.241	0.731	0.478
Q15	2.82	1.282	0.433	0.241	0.695	0.478
Q16	3.29	1.241	0.333	0.241	0.320	0.478
Q17	3.21	1.416	0.359	0.241	−0.546	0.478
Q18	3.04	1.222	0.465	0.241	0.783	0.478
Q19	3.29	1.387	0.134	0.241	−0.447	0.478
Q20	3.08	1.098	0.913	0.241	1.823	0.478
Q21	3.08	1.346	0.486	0.241	−0.018	0.478
Q22	3.82	1.242	0.285	0.241	−0.188	0.478
Q23	3.76	1.272	0.284	0.241	−0.452	0.478
Q24	3.86	1.303	0.601	0.241	−0.209	0.478
Q25	4.04	1.271	0.376	0.241	−0.267	0.478
Q26	4.06	1.301	0.196	0.241	−0.943	0.478
Q27	4.39	1.413	−0.001	0.241	−0.913	0.478
Q28	4.30	1.474	−0.014	0.241	−0.735	0.478
Q29	4.22	1.307	−0.003	0.241	−0.471	0.478
Q30	4.27	1.355	−0.084	0.241	−0.498	0.478
Q31	4.24	1.311	0.009	0.241	−0.368	0.478
Q32	4.07	1.635	−0.129	0.241	−0.464	0.478

从表 3-5 中所显示的结果可以看出，所有问项的偏度绝对值都小于 3，且所有问项的峰度绝对值小于 8，因此可以认为预调研样本的测量结果近似符合正态分布。综上所述，本研究音乐节形象、音乐节吸引力、音乐节传播力、音乐节影

响力、城市形象、城市知名度、城市美誉度都近似符合正态分布，可以进行下面的分析。

（2）预调研定量检验

本研究通过检验预调研数据的效度和信度来检测量表的真实性、可靠性、适用性和科学性。一方面，研究人员对预调研问卷数据样本进行效度检测，即通过探索性因子筛选初始量表的题项，定义维度。另一方面，研究人员通过计算各题项的 CITC（Corrected Item—Total Correlation）、克隆巴赫信度系数（Cronbach' s α）对预调研数据进行信度分析。

①探索性因子分析

一是探索性因子分析原理。本研究将对预调研问卷数据样本进行效度检测，采用探索性因子分析，即 EFA，揭示出各个变量间的内在结构，从而对测量项目进行删除和净化，进一步优化量表。探索性因子分析有两部分：KMO 和 Bartlett 球体检验、因子分析。

一方面，本研究将对预调研数据进行 KMO 及 Bartlett 球体检验，判断该样本是否适用于因子分析。其标准是 KMO 越接近于 1，这些变量越适合进行因子分析，且一般以 0.6 作为检测底线。同时 Bartlett 球体检验的显著性概率低于显著水平，即表示可以作因子分析。

另一方面，若上述结果通过要求，本研究将对初始预调研问卷的具体问项进行因子分析，提取因子个数，结合因子的实际内容对因子进行命名。首先，将提取特征值大于 1 且累积解释方差大于 60%的因子；其次，每个因子的因子载荷要求大于或等于 0.5。通过上述方法对因子进行命名，定义维度，重置问项。

二是探索性因子分析实证检验结果。本研究对音乐节、城市形象和城市竞争力感知变量当中的 32 个问题进行探索性因子分析。如表 3-6 所示，音乐节、城市形象和城市竞争力感知变量的 KMO 检验值为 0.788，Bartlett 球体检验近似卡方值（Chi-Square）为 2254.790，显著性概率为 0.000，说明音乐节、城市形象和城市竞争力感知量表的 32 个题项适合进行探索性因子分析。

表 3-6　KMO 和 Bartlett 检验

KMO 取样适切性量数	0.788	
Bartlett 球形度检验	近似卡方	2254.790
	自由度	496
	显著性	0.000

正如表 3-7 所示，初始特征值大于 1 的因子一共有 8 个，方差累计贡献率为 74.565%，大于 60%。其中，因子 1 的特征值为 8.998，解释方差百分比为 28.118%；因子 2 的特征值为 3.805，解释方差百分比为 11.892%；因子 3 的特征值为 2.565，解释方差百分比为 8.015%；因子 4 的特征值为 2.166，解释方差百分比为 6.767%；因子 5 的特征值为 2.024，解释方差百分比为 6.324%；因子 6 的特征值为 1.580，解释方差百分比为 4.938%；因子 7 的特征值为 1.530，解释方差百分比为 4.782%；因子 8 的特征值为 1.193，解释方差百分比为 3.729%。上述结果与前文对音乐节、城市形象和城市竞争力感知变量量表设置一致。另外，根据碎石图（图 3-3）可知，拐点在因子 9 处出现，以后趋向平缓，在之前急剧下降，说明 32 个题目提取 8 个公因子较为合适。

表 3-7　总方差解释

因子	初始特征值（%）			提取载荷平方和（%）			旋转载荷平方和（%）		
	总计	方差百分比	累积	总计	方差百分比	累积	总计	方差百分比	累积
1	8.998	28.118	28.118	8.998	28.118	28.118	4.489	14.028	14.028
2	3.805	11.892	40.010	3.805	11.892	40.010	3.522	11.006	25.034
3	2.565	8.015	48.024	2.565	8.015	48.024	3.198	9.993	35.027
4	2.166	6.767	54.792	2.166	6.767	54.792	2.827	8.835	43.862
5	2.024	6.324	61.116	2.024	6.324	61.116	2.775	8.673	52.535
6	1.580	4.938	66.054	1.580	4.938	66.054	2.533	7.914	60.450
7	1.530	4.782	70.836	1.530	4.782	70.836	2.481	7.754	68.203
8	1.193	3.729	74.565	1.193	3.729	74.565	2.036	6.362	74.565
9	0.962	3.008	77.573						
10	0.847	2.645	80.218						
11	0.819	2.560	82.778						
12	0.640	1.998	84.776						
13	0.565	1.765	86.541						
14	0.485	1.517	88.058						
15	0.450	1.407	89.465						
16	0.404	1.262	90.727						
17	0.349	1.092	91.818						
18	0.322	1.007	92.825						

续表

因子	初始特征值（%）			提取载荷平方和（%）			旋转载荷平方和（%）		
	总计	方差百分比	累积	总计	方差百分比	累积	总计	方差百分比	累积
19	0.296	0.926	93.751						
20	0.274	0.858	94.609						
21	0.235	0.733	95.342						
22	0.228	0.714	96.055						
23	0.202	0.631	96.686						
24	0.183	0.573	97.259						
25	0.158	0.493	97.752						
26	0.148	0.461	98.213						
27	0.129	0.404	98.617						
28	0.110	0.344	98.961						
29	0.100	0.312	99.273						
30	0.091	0.286	99.558						
31	0.075	0.235	99.793						
32	0.066	0.207	100.000						

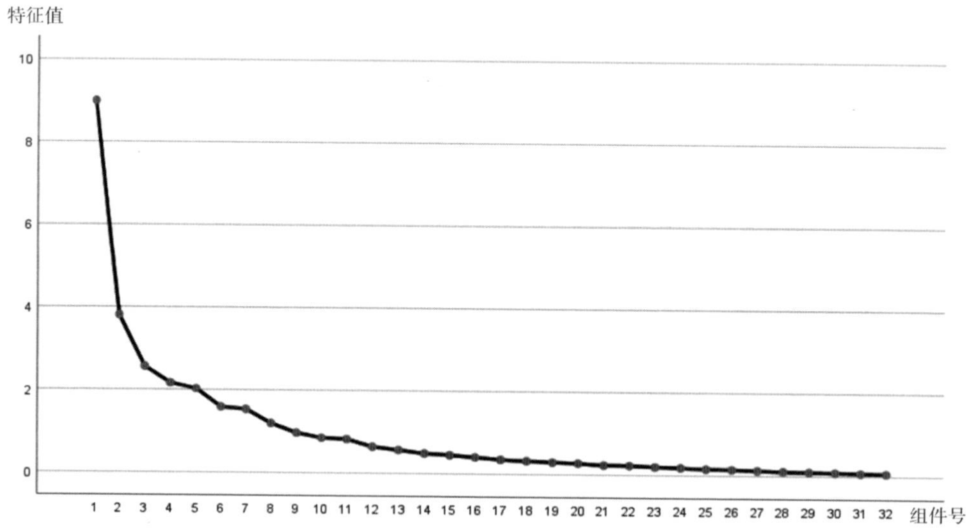

图 3-3　碎石图

音乐节、城市形象和城市竞争力感知各变量经旋转后的因子载荷如表 3-8 所示，可见除了 Q4、Q8 和 Q32 题项外，音乐节、城市形象和城市竞争力感知变量的所有题项的因子载荷都大于 0. 5，因而这些题项符合统计要求。由于 Q4、Q8 和 Q32 因子载荷皆小于 0. 5，因此删除相关题项以提高量表数据的合理性。

表 3-8　旋转后的成分矩阵

	1	2	3	4	5	6	7	8
Q17	0. 857							
Q16	0. 853							
Q18	0. 812							
Q20	0. 798							
Q19	0. 796			0. 307				
Q28		0. 883						
Q29		0. 865						
Q30		0. 852						
Q31		0. 841						
Q32		0. 421						
Q5			0. 859					
Q9			0. 825					
Q6			0. 775					
Q7			0. 735				0. 359	
Q15				0. 857				
Q14				0. 848				
Q13				0. 848				
Q26					0. 905			
Q27					0. 841			
Q25					0. 829			
Q8					0. 419	−0. 329		
Q23						0. 804		
Q24						0. 710		
Q21	0. 469					0. 703		
Q22	0. 340					0. 619		
Q1							0. 849	
Q3							0. 835	

续表

	1	2	3	4	5	6	7	8
Q2							0.805	
Q4							0.418	
Q10								0.754
Q11			0.312					0.732
Q12	0.374							0.696

提取方法：主成分分析法。
旋转方法：凯撒正态化最大方差法。
旋转在 7 次迭代后已收敛。

在删除 Q4、Q8 和 Q32 题项后，本研究重新对音乐节、城市形象和城市竞争力感知变量预调研数据进行探索性因子分析。如表 3-9 所示，音乐节、城市形象和城市竞争力感知变量的 KMO 检验值为 0.818，Bartlett 球体检验近似卡方值为 2161.144，显著性概率为 0.000，说明音乐节、城市形象和城市竞争力感知量表剩余的 29 个题项适合进行探索性因子分析。

表 3-9　剔除问项后的 KMO 和 Bartlett 检验

KMO 取样适切性量数	0.818	
Bartlett 球形度检验	近似卡方	2161.144
	自由度	406
	显著性	0.000

正如表 3-10 所示，初始特征值大于 1 的因子一共有 8 个，方差累计贡献率为 80.021%，大于 60%。其中，因子 1 的特征值为 8.960，解释方差百分比为 30.897%；因子 2 的特征值为 3.634，解释方差百分比为 12.531%；因子 3 的特征值为 2.403，解释方差百分比为 8.285%；因子 4 的特征值为 2.106，解释方差百分比为 7.262%；因子 5 的特征值为 2.005，解释方差百分比为 6.912%；因子 6 的特征值为 1.538，解释方差百分比为 5.305%；因子 7 的特征值为 1.379，解释方差百分比为 4.754%；因子 8 的特征值为 1.182，解释方差百分比为 4.076%。上述结果与前文对音乐节、城市形象和城市竞争力感知变量量表设置一致。另外，根据删除问项后的碎石图（图 3-4）可知，拐点在成分 9 处出现，以后趋向平缓，并在之前急剧下降，说明 29 个题目提取 8 个公因子较为合适。再从表 3-11 可以看出，所有题项的因子载荷都大于 0.5，符合统计要求。

表 3-10　删除问项之后的总方差解释

成分	初始特征值（%）			提取载荷平方和（%）			旋转载荷平方和（%）		
	总计	方差百分比	累积	总计	方差百分比	累积	总计	方差百分比	累积
1	8.960	30.897	30.897	8.960	30.897	30.897	4.305	14.844	14.844
2	3.634	12.531	43.528	3.634	12.531	43.528	3.289	11.341	26.186
3	2.403	8.285	51.713	2.403	8.285	51.713	3.169	10.928	37.114
4	2.106	7.262	58.974	2.106	7.262	58.974	2.793	9.632	46.746
5	2.005	6.912	65.886	2.005	6.912	65.886	2.657	9.162	55.908
6	1.538	5.305	71.191	1.538	5.305	71.191	2.511	8.657	64.565
7	1.379	4.754	75.945	1.379	4.754	75.945	2.440	8.415	72.980
8	1.182	4.076	80.021	1.182	4.076	80.021	2.042	7.041	80.021
9	0.686	2.367	82.388						
10	0.603	2.081	84.468						
11	0.493	1.701	86.169						
12	0.459	1.584	87.754						
13	0.409	1.409	89.163						
14	0.372	1.283	90.446						
15	0.335	1.154	91.600						
16	0.297	1.026	92.626						
17	0.289	0.995	93.621						
18	0.246	0.849	94.470						
19	0.238	0.821	95.291						
20	0.218	0.751	96.042						
21	0.196	0.676	96.717						
22	0.172	0.592	97.310						
23	0.153	0.529	97.839						
24	0.138	0.476	98.315						
25	0.125	0.430	98.745						
26	0.113	0.390	99.135						
27	0.098	0.338	99.474						
28	0.082	0.281	99.755						
29	0.071	0.245	100.000						

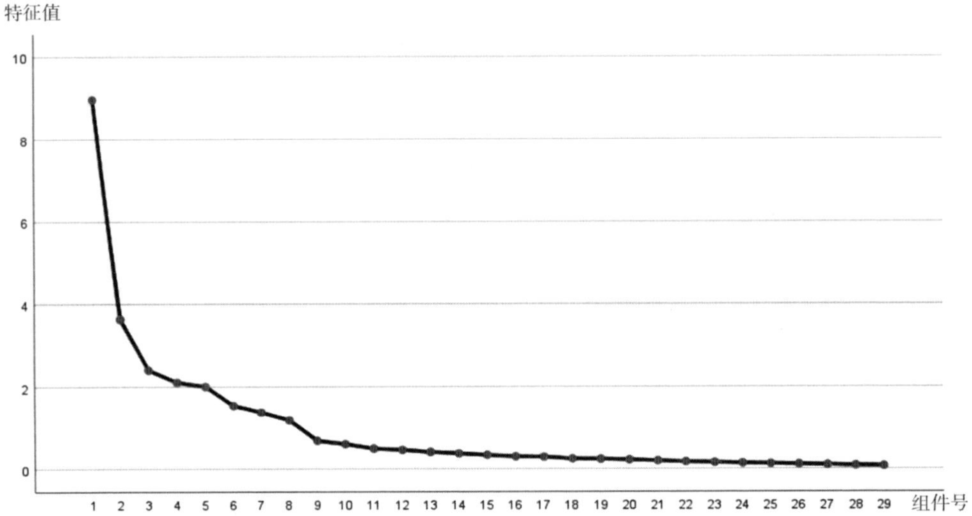

图 3-4　删除问项后的碎石图

表 3-11　剔除问项后旋转后的成分矩阵

	1	2	3	4	5	6	7	8
Q17	0. 856							
Q16	0. 851							
Q20	0. 807							
Q19	0. 798			0. 309				
Q18	0. 792							
Q28		0. 888						
Q29		0. 859						
Q31		0. 851						
Q30		0. 849						
Q5			0. 882					
Q9			0. 826					
Q6			0. 771					
Q7			0. 746					0. 350
Q14				0. 876				
Q13				0. 869				
Q15				0. 862				
Q26					0. 912			
Q27					0. 852			
Q25					0. 847			

续表

	1	2	3	4	5	6	7	8
Q23						0.834		
Q21	0.433					0.747		
Q24						0.690		
Q22						0.667		
Q3							0.864	
Q1							0.848	
Q2							0.844	
Q10								0.776
Q11			0.311					0.738
Q12	0.366							0.696

提取方法：主成分分析法。

旋转方法：凯撒正态化最大方差法。

旋转在 6 次迭代后已收敛。

根据上述分析，本研究将定义相关变量的维度，重新命名剩余的问项。城市形象变量共有 1 个公因子，因此将该变量设定为 1 个维度。如表 3-11 所示，Q16、Q17、Q18、Q19、Q20 在因子 1 有较高载荷，因此将因子 1 命名为“城市形象”，即“CI”，同时将 Q16、Q17、Q18、Q19、Q20 依次命名为 CI1、CI2、CI3、CI4、CI5。

音乐节变量共有 4 个公因子，因此将该变量设定为 4 个维度。如表 3-11 所示，Q5、Q6、Q7、Q9 在因子 2 有较高载荷，因此将因子 2 命名为“音乐节吸引力”，即“MFA”，同时将 Q5、Q6、Q7、Q9 依次命名为 MFA1、MFA2、MFA3、MFA4。Q13、Q14、Q15 在因子 4 有较高载荷，因此将因子 4 命名为“音乐影响力”，即“MFIN”，同时将 Q13、Q14、Q15 依次命名为 MFIN1、MFIN2、MFIN3。Q1、Q2、Q3 在因子 7 有较高载荷，因此将因子 7 命名为“音乐节形象”，即“MFIM”，同时将 Q1、Q2、Q3 依次命名为 MFIM1、MFIM2、MFIM3。Q10、Q11、Q12 在因子 8 有较高载荷，因此将因子 8 命名为“音乐传播力”，即“MFC”，同时将 Q10、Q11、Q12 依次命名为 MFC1、MFC2、MFC3。

城市竞争力感知变量共有 3 个公因子，因此将该变量设定为 3 个维度。如表 3-11 所示，Q28、Q29、Q30、Q31 在因子 3 有较高载荷，因此将因子 3 命名为“城市推荐度”，即“CREC”，同时将 Q28、Q29、Q30、Q31 依次命名为 CREC1、

CREC2、CREC3、CREC4。Q25、Q26、Q27 在因子 5 有较高载荷，因此将因子 5 命名为“城市美誉度”，即“CREP”，同时将 Q25、Q26、Q27 依次命名为 CREP1、CREP2、CREP3。Q21、Q22、Q23、Q24 在因子 6 有较高载荷，因此将因子 6 命名为“城市知名度”，即“CA”，同时将 Q21、Q22、Q23、Q24 依次命名为 CA1、CA2、CA3、CA4。上述重新命名的问项将运用于正式调研问卷。

②信度分析

一是信度检验原理。预调研样本数据经过探索性因子分析之后，本研究对上述符合条件的样本数据进行信度检验。检验问卷的信度也就是检验问卷的可靠性。检测预调研信度需要计算各测量项的 CITC 和 Cronbach's α。一般情况下，当 CITC 小于 0.5 时，该测量项目应予以删除。另外，还要计算各测量题项的 Cronbach's α 系数。整体量表的 Cronbach's α 大于 0.9，则认为量表的内在信度极高；如果 Cronbach's α 大于 0.8，则认为内在信度非常好；如果整体量表 Cronbach's α 大于 0.7，则认为量表具有较好的信度，可以接受；如果 Cronbach's α 小于 0.7，则应考虑重新设计量表。

二是信度检验结果。本研究采用 SPSS 25.0 对量表的 8 个维度，即音乐节形象、音乐节吸引力、音乐节传播力、音乐节影响力、城市形象、城市知名度、城市美誉度、城市推荐度进行信度检验。结果如表 3-12 所示。

表 3-12　预调研信度分析结果

维度	题项	修正后的项与总计相关性	Cronbach's α	题项
音乐节形象	MFIM1	0.733	0.845	3
	MFIM2	0.709		
	MFIM3	0.724		
音乐节吸引力	MFA1	0.844	0.909	4
	MFA2	0.757		
	MFA3	0.778		
	MFA4	0.803		
音乐节传播力	MFC1	0.56	0.764	3
	MFC2	0.72		
	MFC3	0.529		
音乐节影响力	MFIN1	0.886	0.934	3
	MFNI2	0.832		
	MFIN3	0.877		

续表

维度	题项	修正后的项与总计相关性	Cronbach' s α	题项
城市形象	CI1	0. 838	0. 928	5
	CI2	0. 867		
	CI3	0. 768		
	CI4	0. 803		
	CI5	0. 805		
城市知名度	CA1	0. 719	0. 824	4
	CA2	0. 618		
	CA3	0. 756		
	CA4	0. 513		
城市推荐度	CREC1	0. 837	0. 909	4
	CREC2	0. 750		
	CREC3	0. 813		
	CREC4	0. 779		
城市美誉度	CREP1	0. 723	0. 879	3
	CREP2	0. 835		
	CREP3	0. 748		

从表 3-12 可以得出，城市形象变量题项的 CITC 都大于 0. 5。城市形象变量的 Cronbach' s α 值为 0. 928，大于 0. 7 的临界值。音乐节变量的 4 个维度题项的 CITC 都大于 0. 5。音乐节变量 4 个维度的 Cronbach' s α 值，音乐节形象为 0. 854，音乐节吸引力为 0. 909，音乐节传播力为 0. 764，音乐节影响力为 0. 934，均大于 0. 7 临界值。城市竞争力感知变量的 3 个维度题项的 CITC 大于 0. 5。城市竞争力感知变量 3 个维度的 Cronbach' s α 值，城市知名度为 0. 824，城市推荐度为 0. 909，城市美誉度为 0. 879，均大于 0. 7 临界值。以上结果表明，音乐节城市形象和城市竞争力感知量表变量的测量具有良好的内部一致性。综上所述，该量表具有较好的信度，所有题项均保留。

四、正式问卷

正式问卷是本研究最终获取研究数据的主要途径。回顾前文，首先，通过文献整理，借鉴经典量表，构建本研究的初始量表。其次，运用深度访谈和预调研等定性和定量的研究方法修订并验证量表。最后，制定出正式的量表，并以此量表为基础，提炼出正式问卷的题项，构建正式问卷。

（一）正式问卷的量表选择

本研究的正式问卷采用语意差别量表（Semantic Differential）和李克特（Likert Scaling）7 级量表作为主要的调研量表。除去第二部分的人口统计特征，第三部分至第五部分的问卷正文部分是按照李克特 7 级量表，来衡量受访者对每个问项的不同评价程度：“1”表示完全不同意，“7”表示完全同意，1 到 7 符合程度依次增加。

（二）正式问卷的内容结构设计

调查问卷由封面信、引导语、问题、答案、编码等部分组成。在封面信中，问卷的接收人可以明确调查原因、调查的目的、调查单位、受访者身份、调查的大概内容和对调查结果保密的措施等。引导语是用来了解受访者填答问卷的各种解释和说明。问题、答案是问卷的主体，也是问卷设计的主要内容。编码是为了问卷收回后能够对调查结果进行有效率地归纳总结。本研究的正式问卷使用了封闭式问题（Closed-Ended Question）来获取受访者信息，这不仅适用于本次大规模调研的现实情况，还可以更好地有助于本研究对正式样本的统计分析。

正式问卷主要分为五个部分，第一部分为介绍，第二部分为人口统计特征，第三部分为音乐节，第四部分为城市形象，第五部分为城市竞争力感知。第三部分至第五部分为问卷的正文部分，囊括了本研究正式量表的所有问项。第一部分介绍，设定在正式问卷的开头，包含了问卷的封面信，说明了本研究的研究原因、研究目的和需要受访者合作的研究内容，并特别强调了本次调研问卷所取得的数据仅供学术研究使用，同时对受访者表示感谢。在这一部分，本研究设定了两个筛选问题，分别是“是否参加过厦门市音乐节”和“是否了解厦门市音乐节”，以确定受访者是否符合本研究对象的要求。第二部分为受访者的人口统计特征，包括性别、年龄、文化程度、职业和月收入情况、居住地、人口统计指标共 6 个问题。第三部分为音乐节，具体包括音乐节形象、音乐节吸引力、音乐节传播力、音乐节影响力等 4 个维度，共 13 个问题。第四部分为城市形象，共 5 个问题。第五部分为城市竞争力感知，具体包括城市推荐度、城市知名度、城市美誉度等 3 个维度，共 11 个问题。

第三节　统计方法的选择

本研究主要运用结构方程模型方法来处理和分析正式样本的数据，采用了SPSS25.00和AMOS24.0两个数据统计分析软件对数据进行分析和处理。首先，分析样本的人口统计特征，了解样本的基本信息情况，对样本数据进行描述性统计分析，获得样本的基本统计情况。其次，运用探索性因子分析和验证性因子分析先后保证量表的效度。信度分析和效度分析，保证了量表的质量。最后，运用路径假设检验和中介效应检验等方式验证了本研究的所有假设。具体数据分析方法如下：

一、描述性统计分析

本研究运用描述性统计分析包括分析人口统计特征和描述性统计。人口统计特征分析包括性别、年龄、月收入、文化程度、职业和居住地等。本研究收录样本数据之后，进行描述性统计分析，通过均值、标准差、偏度和峰度来判断数据是不是符合正态分布，符合正态分布才可以进行下一步分析。描述性统计分析即运用在预调研，也运用在正式调研数据分析的过程当中。

二、探索性因子分析

探索性因子分析指的是通过抽取样本数据的共同因子对测量的项目（测量问项）进行删除和净化，进一步优化量表，保障量表的稳定性和适用性。简而言之，探索性因子分析用于探索因子与测量项之间的对应关系。在进行探索性因子分析之时，首先，应检验样本的KMO和Bartleett球形，判断样本数据是否适合进行因子分析；其次，采用主成分分析法，利用旋转获得因子变量；最后，对相关因子进行命名。探索性因子分析运用于初始量表的检验和预调研数据分析的过程当中。

三、验证性因子分析

验证性因子分析是对社会调查数据进行的一种统计分析。验证性因子分析测试的是测量因子与相对应的测度项之间的关系是否符合研究者所设计的理论关系的一种统计分析方法。简而言之，验证性因子分析用于验证因子与测量项之间的对应关系，检验了测量模型。在验证性检验的过程中，研究者通常会对模型的整体适配程度进行评价，主要的评价指标包括 CMIN/DF、RMSEA、CFI、IFI 和 TLI。验证性因子分析与探索性因子分析并不相互对立，反倒是互为补充的。验证性因子分析往往通过结构方程建模来测试，是验证效度和假设的重要步骤。具体来说，验证性因子分析运用在正式调研的效度检验和假设检验之前的分析过程中。

四、信度分析

信度是指的是采取同样的方法对同一对象重复进行测量时所得结果相一致的程度。换句话来说，信度是指测量结果的一致性和稳定性，即测量工具或者说量表能否稳定地测量所测的事物或变量。本研究主要采用 SPSS 25.0 将样本进行信度分析，将以 Cronbach' s α 和 CITC 作为信度的判断标准。信度良好的量表，才可以进行下一步的效度分析。信度分析既运用在预调研，也运用在正式调研数据分析的过程当中。

五、效度分析

由于社会研究中的测量通常是一种间接的测量，因此，研究者通常不能确保设计的测量程序或方法所测的正是他要测量的变量，这就提出了测量的效度问题。效度也称作测量的有效度和准确度。它是指测量工具或测量手段能够准确测出所要变量的程度，或者说能够准确，真实地度量事物属性的程度。效度所关注的问题是：“我所测量的正是我想要测量的吗?”也可以说，效度指的是测量标准或所用的指标能够如实反映某一概念真正含义的程度。当一项测量所测的正是它所希望测量的事物时，我们就说这一测量具有效度，反之，则称为无效的测量或者测量不具有效度。

本研究的效度包括内容效度和结构效度。内容效度也称为表面效度、逻辑效度，它指的是测量内容或测量指标与测量目标之间的适合性和逻辑相符性，是一种主观评价，以判断量表的优劣程度。也就是说，它是指测量所选择的项目是否“看起来”符合测量目的和要求。

结构效度，也成为构造效度，是指量表对所测量的概念的本质及相关关系的测量程度，即通过利用现有的理论或命题来考察当前测量工具、手段或量表的效度。结构效度涉及一个理论的关系结构中其他概念（或变量）的测量，其指标一般包括聚合效度和区别效度。本研究主要采用 AMOS24.0 检验结构效度。在检验结构效度之前，本研究会分析结构模型，对模型的整体适配程度进行评价，主要的评价指标包括：CMIN/DF、RMSEA、CFI、IFI 和 TLI。

六、假设检验

本研究将运用 AMOS24.0 对所提出的每个路径的假设进行验证，主要通过检验每个路径因子系数的显著性来判断路径假设是否成立。具体来说，假设检验的指标内容包括模型的拟合程度，路径标准化因子载荷量、标准误、组合信度（T 值）、P 值等指标来全面判断每个路径的假设是否通过检验。假设验证运用在正式调研数据分析的过程当中。

七、中介效应检验

本研究将运用 AMOS24.0 ，采用 Bootstrap 方法，通过 5000 次迭代计算中介效应进行检验。有关中介效应的检验，近年来诸多学者对 Baron 和 Kenny（1986）的因果逐步回归分析法的有效性提出质疑。近几年来，在一些顶级期刊中，已有许多学者使用 Bootstrap 方法进行中介效应检验。Bootstrap 方法是由 Efron（1979）最早提出的一种重复抽样方法（Resampling Methods），是将原始样本当成 Bootstrap 抽样的总体，通过有放回的重复抽样，抽取大量 Bootstrap 样本并获得统计量的过程，其实质是模拟了从总体中随机抽取大量样本的过程。常用的 Bootstrap 检验方法的指标内容包括 Percentile Bootstrap Method 和 Bias-Corrected Bootstrap。中介效应检验运用在正式调研数据分析的过程当中。

第四节　总体和样本

音乐节参与者的评价在音乐节活动中是重中之重，音乐节参与者的评价内容是音乐节营销人员的第一参数，音乐节参与者的评价不仅是衡量音乐节活动是否成功的重要标志，而且直接反映了音乐节对城市竞争力感知的影响情况。

一、总体

厦门市政府结合厦门得天独厚的自然景观优势及深厚的音乐艺术氛围，筹办了厦门音乐节，其目的是为了打造厦门一张响亮的城市名片，强化厦门音乐节品牌，借助此次举办厦门音乐节的契机，搭建起艺术与社会、音乐文化与大众的桥梁，使大家在感受音乐文化、领略厦门魅力的同时，让世界倾听厦门的声音（厦门市人民政府，2021）。2021 年 7 月至 8 月参与厦门音乐节的群众为 4.7 万人（厦门音乐节，2021），因此总体为 47000。

二、样本量

2021 年 7 月至 8 月参与厦门音乐节的群众为 4.7 万人，这对于数据收集研究来说太过庞大，因此使用山根太郎公式（Yamane，1973）来计算样本量，并采用简单随机抽样来收集数据。

方程式为：

$$n=\frac{N}{1+N\times (e)^2}$$

n = Sample size

N = Population size（5×10^4）

e = Margin of error（MoE）

e = 0.05 based on the research condition

$$n=\frac{4.7\times10^4}{1+4.7\times10^4\times (0.05)^2}$$

据此，本研究的最小样本量为 396，但为了便于数据的收集和分析，便从 400 个样本中收集数据。因此，本研究样本量为 400，将从 400 个样本中收集数据。

三、抽样和数据收集流程

本研究将 2021 年 7 月至 8 月参与厦门音乐节的群众作为调研对象，于 2021 年 7 月至 8 月进行调查，使用简单随机抽样，通过结合网络和现场调研方式发放问卷，收集数据。

第四章　研究结果与讨论

本研究是以中国厦门市音乐节作为研究案例，研究音乐节对城市竞争力感知的影响情况。接下来将分析并讨论正式调研的数据，提出假设验证的结果。首先，通过分析人口统计特征，获得样本的社会背景等基本信息情况，在分析描述性统计中获得样本基本的统计情况。其次，运用验证性因子分析、信度和效度分析保证测量模型的质量，检验本研究量表的适用性，得出量表的质量结果。最后，运用结构方程模型方法来检验本研究提出的假设，得出假设结果。

第一节　人口统计特征分析

本研究将对正式问卷进行人口统计特征分析，目的在于了解抽样人群的社会情况、背景资料。人口统计特征情况总结如表 4-1 所示。

一、调查样本性别结构

从表 4-1 中可以看出，本次调研的样本为 400 人，男女比例较为均衡，其中，男性 210 人，占 52. 50%；女性 190 人，占 47. 50%。

二、调查样本年龄结构

本研究将调查对象的年龄分为六个部分，即 18 岁以下、18—24 岁、25—34 岁、35—44 岁、45—54 岁、55 岁以上。从表 4-1 可以看出，在年龄分布上，厦门音乐节参与者主要集中在 18—54 岁之间，占比 93. 5%。其中，25—34 岁的调研者最多，占 34. 50%；其次为 35—44 岁，占 24. 50%；之后依次是 45—54 岁占 20. 50%，55 岁以上占 5. 75%，18 岁以下占 0. 50%。从表 4-1 中可以看出，厦门音乐节参与者以中青年人居多，厦门市音乐节深受中青年群体的欢迎。

表 4-1　正式调查受访者的人口统计资料结果

内容	题项	频数	百分比
性别	男	210	52.5
	女	190	47.5
年龄	18 岁以下	2	0.5
	18—24 岁	57	14.25
	25—34 岁	138	34.5
年龄	35—44 岁	98	24.5
	45—54 岁	82	20.5
	55 岁以上	23	5.75
文化程度	高中、中专及以下	66	16.5
	大专	88	22
	大学本科	193	48.25
	硕士及以上	53	13.25
职业	政府和事业单位	92	23
	企业职工	82	20.5
	个体工商户	77	19.25
	工人	11	2.75
	农民	4	1
	学生	69	17.3
	军人	3	0.75
	其他	62	15.5
月收入	无收入	26	6.5
	2000 元以下	29	7.25
	2001—3000 元	43	10.75
	3001—4000 元	94	23.5
	4001—5000 元	83	20.75
	5001 元以上	125	31.25
居住地	厦门本地	79	19.75
	本省外地	139	34.75
	省外	146	36.5
	国外	36	9

三、调查样本文化程度结构

我们将调查对象的文化程度分为四个类型，即高中、中专及以下，大专，大学本科，硕士及以上。从表 4-1 来看，厦门音乐节参与者以大学本科文化程度最多，占总人数的 48.25%；其后依次为大专占 22.00%，高中、中专及以下占 16.50%，硕士及以上占 13.25%。可见，厦门音乐节参与者的文化程度结构主要以本科及大专为主。

四、调查样本职业结构

本研究将调查对象的职业类型划分为八类，即政府和事业单位、企业职工、个体工商户、工人、农民、学生、军人和其他。从表 4-1 可以看出厦门音乐节参与者以政府和事业单位人员、企业职工为主，共占 43.5%，其中政府和事业单位人员占 23.00%，企业职工占 20.50%。其余音乐节参与者的职业结构占比如下：个体工商户占 19.2%，学生占 17.3%，其他从业人员占 15.5%，工人占 2.75%，农民占 1.00%，军人占 0.75%。

五、调查样本收入结构

本研究将调查对象收入结构的指标定为个人月收入，并将调查对象的收入结构划分为六个档次，即无收入、2000 元以下、2001—3000 元、3001—4000 元、4001—5000 元、5001 元以上。从表 4-1 可看出，厦门音乐节参与者月收入 2001—5001 元以上的人数为主，占比 86.4%。从多到少依次为：5001 元以上占 31.25%，3001—4000 元占 23.50%，4001—5000 元占 20.75%，2001—3000 元占 10.75%，2000 元以下占 7.25%，无收入占 6.50%。可见，厦门音乐节参与者多为收入稳定的中青年群众，也说明参加厦门音乐节需要有一定的经济实力。

六、调查样本居住地分布

为了解音乐节参与者的居住地分布情况，本研究以厦门市为参照，将样本居住地划分为四类，即厦门本地、本省外地、省外、国外。从表 4-1 来看，厦门音乐节参与者多数来自省外，占 36.50%，其余依次为：本省外地占 34.75%，厦门本地占 19.75%，国外占 9.00%。从数据上来看，无论是在国内还是在省内，厦门音乐节的宣传都相对成功，但海外宣传有待提高，厦门音乐节的国际知名度有相当的发展空间。

第二节 描述性统计分析

本研究使用 SPSS 25.0 软件，判断统计样本的均值、标准差、偏度和峰度判断数据是不是符合正态分布，即偏度是否系数小于 3、峰度系数是否小于 8。结果如表 4-2 所示。

表 4-2 正式调研描述性统计结果

问项	均值统计	标准偏差统计	偏度		峰度	
			统计	标准误	统计	标准误
MFIM1	4.38	1.369	-0.132	0.122	-0.405	0.243
MFIM2	4.43	1.330	-0.054	0.122	-0.548	0.243
MFIM3	4.34	1.337	0.074	0.122	-0.631	0.243
MFA1	4.58	1.419	-0.155	0.122	-0.799	0.243
MFA2	4.58	1.398	-0.163	0.122	-0.669	0.243
MFA3	4.52	1.412	0.007	0.122	-0.852	0.243
MFA4	4.54	1.396	-0.058	0.122	-0.855	0.243
MFC1	4.20	1.349	-0.108	0.122	-0.361	0.243
MFC2	4.26	1.248	-0.051	0.122	-0.397	0.243
MFC3	4.20	1.328	0.124	0.122	-0.659	0.243
MFIN1	4.32	1.413	-0.243	0.122	-0.571	0.243
MFIN2	4.18	1.344	0.014	0.122	-0.616	0.243
MFIN3	4.33	1.303	0.037	0.122	-0.509	0.243
CI1	4.44	1.837	-0.208	0.122	-1.045	0.243
CI2	4.49	1.709	-0.108	0.122	-1.014	0.243
CI3	4.56	1.680	-0.150	0.122	-0.977	0.243
CI4	4.52	1.651	-0.155	0.122	-0.816	0.243
CI5	4.53	1.594	-0.030	0.122	-0.967	0.243
CA1	3.16	1.409	0.587	0.122	0.133	0.243
CA2	3.88	1.301	0.270	0.122	-0.342	0.243
CA3	3.82	1.306	0.278	0.122	-0.529	0.243
CA4	4.03	1.405	0.419	0.122	-0.668	0.243

续表

问项	均值统计	标准偏差	偏度		峰度	
		统计	统计	标准误	统计	标准误
CREP1	4. 43	1. 321	0. 163	0. 122	−0. 611	0. 243
CREP2	4. 45	1. 359	−0. 023	0. 122	−0. 860	0. 243
CREP3	4. 62	1. 325	−0. 061	0. 122	−0. 489	0. 243
CREC1	4. 37	1. 470	−0. 067	0. 122	−0. 759	0. 243
CREC2	4. 23	1. 525	0. 118	0. 122	−0. 691	0. 243
CREC3	4. 26	1. 439	−0. 002	0. 122	−0. 506	0. 243
CREC4	4. 29	1. 448	0. 082	0. 122	−0. 788	0. 243

从表 4−2 显示的结果可以看出，所有问项的偏度绝对值都小于 3，且所有问项的峰度绝对值都小于 8。因此，可以认为样本的测量结果近似符合正态分布。综上所述，本研究音乐节形象、音乐节吸引力、音乐节传播力、音乐节影响力、城市形象、城市知名度、城市美誉度都近似符合正态分布，可以进行接下来的分析。

第三节 信度分析

前文已说明信度反映的是量表的可靠和稳定程度。信度分析的测量指标包括 Cronbach' s α 和 CITC。本研究采用 SPSS 25. 0 对 8 个维度，即音乐节形象、音乐节吸引力、音乐节传播力、音乐节影响力、城市形象、城市知名度、城市美誉度、城市推荐度进行信度分析，结果如表 4−3 所示。

表 4−3 正式调研信度分析结果

维度	题项	修正后的项与总计相关	Cronbach' s α	题项
音乐节形象	MFIM1	0. 547	0. 749	3
	MFIM2	0. 604		
	MFIM3	0. 579		

续表

维度	题项	修正后的项与总计相关	Cronbach' s α	题项
音乐节吸引力	MFA1	0. 626	0. 804	4
	MFA2	0. 632		
	MFA3	0. 616		
	MFA4	0. 597		
音乐节传播力	MFC1	0. 606	0. 757	3
	MFC2	0. 572		
	MFC3	0. 585		
音乐节影响力	MFIN1	0. 616	0. 752	3
	MFNI2	0. 549		
	MFIN3	0. 580		
城市形象	CI1	0. 794	0. 924	5
	CI2	0. 823		
	CI3	0. 785		
	CI4	0. 801		
	CI5	0. 809		
城市知名度	CA1	0. 677	0. 821	4
	CA2	0. 654		
	CA3	0. 745		
	CA4	0. 514		
城市推荐度	CREC1	0. 712	0. 865	4
	CREC2	0. 689		
	CREC3	0. 777		
	CREC4	0. 683		
城市美誉度	CREP1	0. 561	0. 800	3
	CREP2	0. 714		
	CREP3	0. 664		

从表 4-3 可知，所有变量的 CITC 大于 0. 5，同时 Cronbach' s α 均大于 0. 7，说明这些变量的测量工具（量表）有很好的稳定性和可靠性。这些变量有很好的关联，该量表有较好的内部一致性，也就是说本研究的量表较为可靠。

第四节　效度分析

效度分析包括内容效度、结构效度。

一、内容效度分析

内容效度是研究主题与测量工具之间的契合程度，是指该测量方法是否涵盖所测量概念的所有内容，是一种主观评价，主要依靠研究者主观上的判断，判断量表内容的优劣程度。内容效度反映量表在多大程度上包含了概念的含义，本研究的内容效度将分三点进行阐述。第一，在实际操作中，如果使用的量表源于文献，也可认为问卷的内容效度可以得到保证，本研究量表的项目源于文献综述和目前较为成熟的经典量表，这奠定了本研究内容效度良好的基础；第二，本研究对外结合具体的城市特征和当地的人文环境对不同的人群进行深度访谈，对内征求了部分专家的意见，反复对量表进行审查、修改、重写、删除等，保证了量表的项目内容有较好的代表性；第三，本研究通过探索性因子分析，提取了 29 个测量题项，并将这些题项归类为 8 个因子，通过正交旋转法得到旋转后的因子矩阵，获得最终的量表。根据荣泰生（2009）的观点，如果每个项目的因子载荷均高于 0.5，且没有发生双重因子载荷均出现较高的现象，变量的测量题项均按照设计的理论聚合一起，则证明该问卷有较好的内容效度。如表 3-11 所示，本研究满足上述要求，测量问卷的内容效度较好。

二、结构效度分析

结构效度分析主要包括两方面：聚合效度和区别效度。正如前文所提，验证结构效度之前，我们首先应检验测量因子（潜变量）与测量问项（观测变量）的对应关系，检验本研究的测量模型。因此在进行结构效度检验之前，我们要进行验证性因子分析，即通过分析本研究模型的适配度来检验测量模型。适配度主要的评价指标包括：卡方自由度比值（CMIN/DF）、渐进残差均方根（RMSEA）、CFI、IFI、TLI 等。本研究中模型适配度评价指标选用李慧（2014）的参考范围标准，如表 4-4 所示。

表 4-4　模型适配度参考值范围

模型适配度	适配值	来源
卡方自由度比值（CMIN/DF）	少于 5 可以接受。	侯杰泰，温忠麟，成子娟（2004）
渐近残差均方和平方根（RMSEA）	0.08 到 0.1 之间模型适配度尚可；0.05 到 0.08 之间，模型良好；小于 0.05，表示模型适配度非常好。	吴明隆（2008）
比较适配指数（CFI）	越接近于 1，模型的适配度越好；高于 0.9，表示适配度良好。	吴明隆（2008）
增值适配指数（IFI）	越接近于 1，模型的适配度越好；高于 0.9，表示适配度良好。	吴明隆（2008）
塔克—刘易斯指数（TLI）	越接近于 1，模型的适配度越好；高于 0.9，表示适配度良好。	吴明隆（2008）

本研究有音乐节形象、音乐节吸引力、音乐节传播力、音乐节影响力、城市形象、城市知名度、城市美誉度、城市推荐度 8 个潜变量。我们采用 AMOS. 24 软件进行验证性因子分析，如表 4-5 和图 4-1 所示。由表 4-5 可知，卡方自由度比值（CMIN/DF）为 1.793，小于 3；渐近残差均方和平方根（RMSEA）为 0.045，小于 0.05；比较适配指数（CFI）为 0.946，大于 0.9；增值适配指数（IFI）为 0.946，大于 0.9；塔克—刘易斯指数（TLI）为 0.937，大于 0.9。可见，本研究所有维度，即音乐节形象、音乐节吸引力、音乐节传播力、音乐节影响力、城市形象、城市知名度、城市美誉度、城市推荐度等构成的测量模型较好，可以进行结构效度分析。

表 4-5　模型适配度指标

CMIN/DF	RMSEA	CFI	IFI	TLI
1.793	0.045	0.946	0.946	0.937

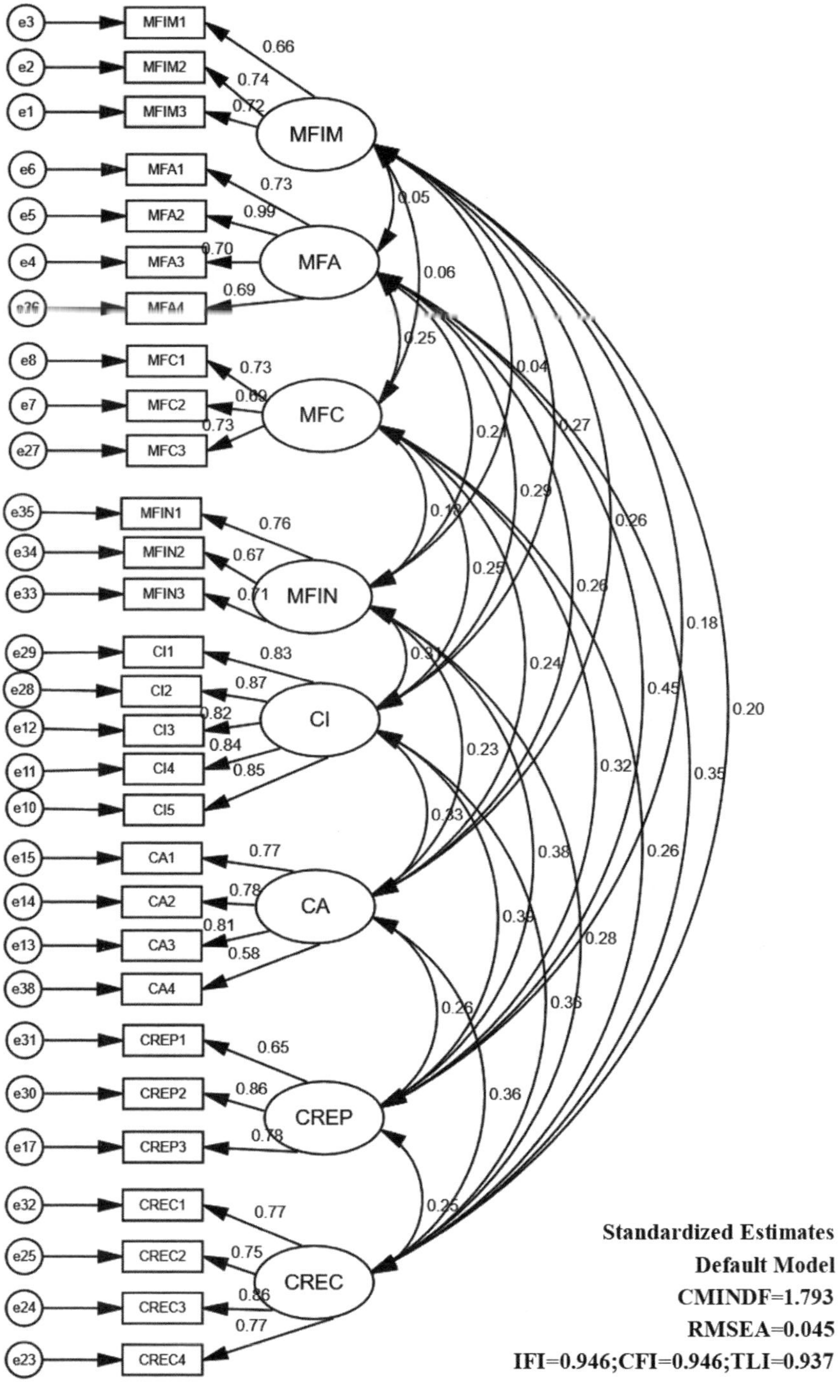

图 4-1 验证性因子分析结果

（一）聚合效度分析

荣泰生（2009）认为聚合效度是指同一潜变量内的各个观测变量（测量题项）的测量值具有高度的相关性，说明该潜变量具有很好的聚合效度。聚合效度的检测内容包括测量题项的标准化因子载荷 AVE 和 CR。标准化因子载荷的最低标准是 0.5，AVE 的最低标准是 0.5，CR 的最低标准是 0.7（刘宏宇，2018）。本研究的标准化因子载荷、AVE 和 CR 的结果如表 4-6 所示。

表 4-6　标准化因子载荷、AVE 和 CR 的结果表

路径	标准化因子载荷	AVE	CR
MFIM3←MFIM	0.716	0.501	0.751
MFIM2←MFIM	0.741		
MFIM1←MFIM	0.665		
MFA4←MFA	0.688	0.506	0.804
MFA3←MFA	0.698		
MFA2←MFA	0.729		
MFA1←MFA	0.730		
MFC3←MFC	0.733	0.510	0.757
MFC2←MFC	0.684		
MFC1←MFC	0.724		
CI5←CI	0.850	0.710	0.924
CI4←CI	0.841		
CI3←CI	0.819		
CI2←CI	0.870		
CI1←CI	0.831		
CA4←CA	0.588	0.554	0.830
CA3←CA	0.824		
CA2←CA	0.750		
CA1←CA	0.793		
CREP3←CREP	0.782	0.588	0.809
CREP2←CREP	0.857		
CREP1←CREP	0.647		

续表

路径	标准化因子载荷	AVE	CR
CREC4←CREC	0.766	0.621	0.867
CREC3←CREC	0.862		
CREC2←CREC	0.748		
CREC1←CREC	0.770		
MFIN3←MFIN	0.709	0.507	0.755
MFIN2←MFIN	0.670		
MFIN1←MFIN	0.754		

由表4-6可知，音乐节形象、音乐节吸引力、音乐节传播力、音乐节影响力、城市形象、城市知名度、城市推荐度、城市美誉度各个潜变量对应各个题目的标准化因子荷载均大于0.7，说明各个潜变量对应所属题目具有很高的代表性。另外，各个潜变量的AVE大于0.5，CR大于0.8，说明聚合效度理想。

（二）区别效度分析

荣泰生（2009）指出区分效度是指不同潜变量之间应具有较低的相关性，说明各潜变量之间应该要具有区分性。根据Fornell和Larcker（1981）的建议，当各潜变量的AVE平方根值大于各潜变量间的相关系数，同时潜变量之间相关性系数为显著，则表明该量表具有较好的区分效度。本研究采用上述方法进行区别效度的验证。

表4-7 区别效度结果表

	MFIM	MFA	MFC	MFIN	CI	CA	CREP	CREC
MFIM	(0.501)							
MFA	0.052***	(0.506)						
MFC	0.061***	0.249***	(0.510)					
MFIN	0.043***	0.211***	0.176***	(0.507)				
CI	0.267***	0.286***	0.251***	0.308***	(0.710)			
CA	0.257***	0.261***	0.24***	0.234***	0.333***	(0.554)		
CREP	0.175***	0.452***	0.324***	0.378***	0.389***	0.256***	(0.588)	
CREC	0.198***	0.348***	0.26***	0.277***	0.356***	0.355***	0.249***	(0.621)
AVE SQRT	0.708	0.711	0.714	0.712	0.842	0.711	0.711	0.788

注："*"表示 $P<0.05$，"**"表示 $P<0.01$，"***"表示 $P<0.001$；带括号对角线为AVE；其余数据为潜在变量系数。可参见图4-1。

由表4-7和图4-1可以发现，本研究的音乐节形象、音乐节吸引力、音乐节传播力、音乐节影响力、城市形象、城市知名度、城市推荐度、城市美誉度之间具有显著的相关性（P<0.01），且均小于所对应的AVE平方根值，说明区别效度较为理想，也说明本研究量表的潜变量不仅相互之间有一定的相关性，而且有各自的独立性。

第五节　音乐节对城市竞争力感知影响的假设检验

在这一节，本研究运用机构方程模型方法、采用AMOS 24.0软件对模型进行检验。本研究的假设检验由路径检验和中介效应检验组成。一方面，本研究对所有的路径进行分析，得出路径验证结果；另一方面，本研究对中介效应进行分析，提出中介效应的验证结果。

一、音乐节对城市竞争力感知影响的路径分析

根据前文提出的假设，本研究将采用AMOS 24.0构建音乐节对城市竞争力感知影响的假设结构方程模型路径图，来检验音乐节（音乐节形象、音乐节吸引力、音乐节传播力、音乐节影响力）是否对城市形象以及城市竞争力感知（城市知名度、城市推荐度、城市美誉度）影响的假设，如图4-2所示。

（一）音乐节对城市竞争力感知影响的模型分析

同样，在进行假设验证之前，我们首先使用AMOS.24分析测量模型，即分析测量因子（潜变量）与测量问项（观测变量）的对应关系。如表4-8和图4-2所示，Model Fit数值结果如下：CMIN/DF为1.801，小于3；RMSEA为0.045，小于0.05；CFI为0.945，大于0.9；IFI为0.946，大于0.9；TLI为0.937，大于0.9。各个指标结果均显示支持，说明所建构的结构方程模型较好，充分证实了本研究提出的音乐节对城市竞争力感知产生影响的逻辑关系模型。接下来，开始检验音乐节对城市竞争力感知影响的所有路径假设。

（二）音乐节对城市竞争力感知影响的路径检验

首先，如表4-9、表4-10和图4-2所示，从模型中的各测量问项标准因子载荷标准化路径系数来看，29个题项分别属于8个潜变量，每个观测变量在相应的潜变量标准因子载荷标准化路径系数均大于0.5，路径均为显著。

其次，如表 4-10，表 4-11 和图 4-2 所示，从路径假设检验的结果来看，除“城市美誉度←音乐节形象”和“城市知名度←音乐节影响力”没有通过 0.05 显著检验，其他所有路径都通过检验，回归系数均为正值，绝大部分假设均为正向显著影响。所以，绝大部分的路径假设验证结果显示支持。

表 4-8　路径假设模型适配度

CMIN/DF	RMSEA	CFI	IFI	TLI
1.801	0.045	0.945	0.946	0.937

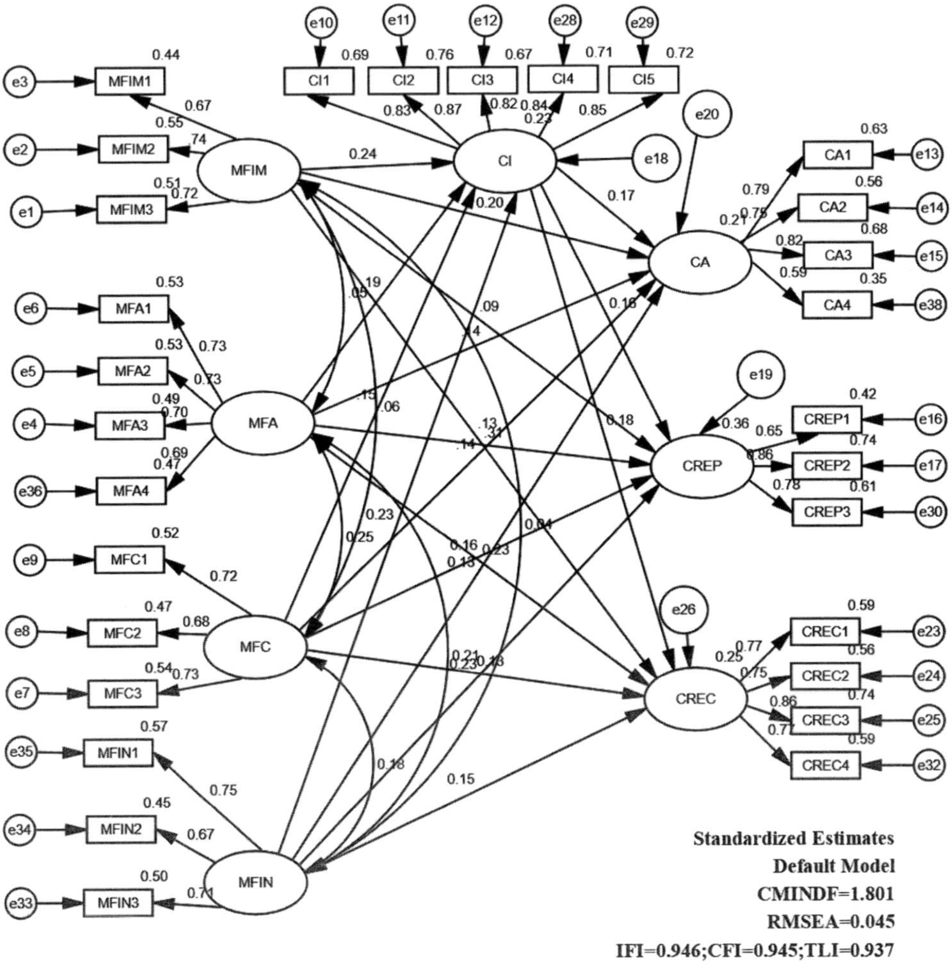

图 4-2　结构方程模型

表 4-9 音乐节对城市形象和城市竞争感知各要素模型参数

路径	非标准化系数	标准化系数	S. E.	C. R.	P	结果
Q3MFIM3←MFIM	1.052	0.716	0.105	9.974	***	显著
Q2MFIM2←MFIM	1.082	0.741	0.106	10.224	***	显著
Q1MFIM1←MFIM	1	0.665				显著
Q9MFA3←MFA	0.952	0.698	0.08	11.928	***	显著
Q8MFA2←MFA	0.985	0.729	0.077	12.742	***	显著
Q7MFA1←MFA	1	0.73				显著
Q18MFC3←MFC	0.996	0.733	0.094	10.626	***	显著
Q16MFC2←MFC	0.873	0.684	0.081	10.821	***	显著
Q15MFC1←MFC	1	0.724				显著
Q27CI1←CI	1	0.831				显著
Q29CI2←CI	0.975	0.87	0.046	21.371	***	显著
Q31CI3←CI	0.902	0.819	0.046	19.558	***	显著
Q34CA1←CA	1	0.793				显著
Q37CA2←CA	0.873	0.75	0.057	15.195	***	显著
Q38CA3←CA	0.963	0.824	0.063	15.169	***	显著
Q41CREP1←CREP	1	0.647				显著
Q44CREP2←CREP	1.364	0.857	0.11	12.401	***	显著
Q47CREC1←CREC	1	0.77				显著
Q48CREC2←CREC	1.009	0.748	0.067	15.165	***	显著
Q49CREC3←CREC	1.097	0.862	0.065	16.804	***	显著
Q32CI4←CI	0.91	0.841	0.045	20.252	***	显著
Q33CI5←CI	1.052	0.716	0.105	9.974	***	显著
Q45CREP3←CREP	1.082	0.741	0.106	10.224	***	显著
Q50CREC4←CREC	1	0.665				显著
Q23MFIN3←MFIN	0.952	0.698	0.08	11.928	***	显著
Q22MFIN2←MFIN	0.985	0.729	0.077	12.742	***	显著
Q20MFIN1←MFIN	1	0.73				显著
Q11MFA4←MFA	0.996	0.733	0.094	10.626	***	显著
Q39CA4←CA	0.873	0.684	0.081	10.821	***	显著

注：“*”表示 P<0.05，“**”表示 P<0.01，“***”表示 P<0.001。

表 4-10　路径假设验证结果

路径	假设	非标准化系数	标准化系数	S. E.	C. R.	P	结果
CI←MFIM	H1a	0. 399	0. 238	0. 096	4. 138	＊＊＊	显著
CI←MFA	H1b	0. 277	0. 188	0. 086	3. 224	＊＊	显著
CI←MFC	H1c	0. 232	0. 149	0. 093	2. 506	＊	显著
CI←MFIN	H1d	0. 332	0. 232	0. 085	3. 908	＊＊＊	显著
CA←CI	H2a	0. 121	0. 165	0. 046	2. 612	＊＊	显著
CREP←CI	H2b	0. 092	0. 165	0. 034	2. 754	＊＊	显著
CREC←CI	H2c	0. 133	0. 179	0. 045	2. 962	＊＊	显著
CA←MFIM	H3a	0. 243	0. 198	0. 076	3. 199	＊＊	显著
CREP←MFIM	H3b	0. 087	0. 093	0. 055	1. 587	ns	不显著
CREC←MFIM	H3c	0. 164	0. 132	0. 074	2. 219	＊	显著
CA←MFA	H3d	0. 156	0. 144	0. 067	2. 319	＊	显著
CREC←MFA	H3e	0. 25	0. 228	0. 067	3. 722	＊＊＊	显著
CREP←MFA	H3f	0. 255	0. 309	0. 051	4. 984	＊＊＊	显著
CA←MFC	H3g	0. 159	0. 139	0. 073	2. 186	＊	显著
CREP←MFC	H3h	0. 138	0. 158	0. 053	2. 609	＊＊	显著
CREC←MFC	H3i	0. 149	0. 128	0. 071	2. 102	＊	显著
CA←MFIN	H3j	0. 131	0. 125	0. 067	1. 957	ns	不显著
CREP←MFIN	H3k	0. 183	0. 228	0. 051	3. 603	＊＊＊	显著
CREC←MFIN	H3l	0. 156	0. 147	0. 066	2. 374	＊	显著

注：“＊”表示 P<0. 05，“＊＊”表示 P<0. 01，“＊＊＊”表示 P<0. 001，“ns”表示 P>0. 05。

表 4-11　路径假设验证结果总结

假设	内容	结果
H1a	音乐节形象对城市形象产生正向影响	验证通过
H1b	音乐节吸引力对城市形象产生正向影响	验证通过
H1c	音乐节传播力对城市形象产生正向影响	验证通过
H1d	音乐节影响力对城市形象产生正向影响	验证通过
H2a	城市形象对城市知名度 产生正向影响	验证通过
H2b	城市形象对城市美誉度产生正向影响	验证通过
H2c	城市形象对城市推荐度产生正向影响	验证通过
H3a	音乐节形象对城市知名度产生正向影响	验证通过
H3b	音乐节形象对城市美誉度产生止向影响	验证不通过
H3c	音乐节形象对城市推荐度产生正向影响	验证通过

续表

假设	内容	结果
H3d	音乐节吸引力对城市知名度产生正向影响	验证通过
H3e	音乐节吸引力对城市推荐度产生正向影响	验证通过
H3f	音乐节吸引力对城市美誉度产生正向影响	验证通过
H3g	音乐节传播力对城市知名度产生正向影响	验证通过
H3h	音乐节传播力对城市美誉度产生正向影响	验证通过
H3i	音乐节传播力对城市推荐度产生正向影响	验证通过
H3j	音乐节影响力对城市知名度产生正向影响	验证不通过
H3k	音乐节影响力对城市美誉度产生正向影响	验证通过
H3l	音乐节影响力对城市推荐度产生正向影响	验证通过

最后，根据表4-11中H3b和H3j的假设验证结果来看，虽然音乐节形象并不影响城市美誉度，但是城市形象却能对城市美誉度产生正向影响。这是否意味着音乐节形象通过城市形象间接影响到该城市的城市美誉度？也就是说，城市形象是否在音乐节形象对城市美誉度的影响中产生中介作用？即假设H4c。此外，假设H3j不通过，即表示音乐节影响力并不影响对该城市的城市知名度。那城市形象是否在音乐节影响力对城市知名度的影响中产生中介作用？即假设H4j。

二、城市形象中介效应分析

（一）中介效应检验方法

本研究运用AMOS24.0软件，采用Bootstrap方法，通过5000次迭代计算检验本研究中介效应假设。总体来说，如果间接效应及总效应的百分比（Percentage）和偏差校正后（Bias-Corrected）的95%置信区间不包含零，则相应的中介效应成立。中介效应的具体分类如下：在中介效应成立的前提下，若直接效应显著，则该中介效应为部分中介；若直接效应不显著，则该中介效应为完全中介（方杰，2014）。

（二）城市形象的中介效应检验

本研究Bootstrap分析结果如表4-12所示，有关于城市形象中介效应的假设验证结果如表4-13所示，可见所有的中介效应假设全部成立。前文的路径假设验证我们已经发现假设H3b，即音乐节形象并不影响城市美誉度，同时假设H3j，即音乐节影响力并不影响对该城市的城市知名度，因而猜想这可能是城市形象的中介作用所导致的。

城市形象的中介效应的假设验证结果验证了前文的猜想。城市形象在音乐节形象对城市美誉度的影响中产生完全中介作用，城市形象在音乐节影响力对城市知名度的影响中产生完全中介作用，即假设 H4c 与 H4j 成立。上述的验证结果，解释了前文假设 H3b 与 H3j 结果不支持的原因，即音乐节形象要经过城市形象的中介作用，才能进一步对城市的美誉度产生影响，音乐节影响力要经过城市形象的中介作用，才能进一步对城市的知名度产生影响。

表 4-12　基于 Bootstrap 的城市形象中介效应检验结果

路径	效应	效应值	标准误	Z 值	5000 次 Boostrap Bias-Corrected			95%置信区间 Percentage		
					下限	上限	P	下限	上限	P
MFIN→CREC	间接效应	0. 041	0. 019	2. 158	0. 012	0. 086	0. 006	0. 010	0. 083	0. 009
	直接效应	0. 147	0. 066	2. 227	0. 016	0. 274	0. 147	0. 015	0. 273	0. 029
	总效应	0. 189	0. 065	2. 908	0. 061	0. 311	0. 005	0. 060	0. 310	0. 005
MFIN→CREP	间接效应	0. 038	0. 018	2. 111	0. 011	0. 083	0. 007	0. 007	0. 077	0. 014
	直接效应	0. 228	0. 061	3. 738	0. 103	0. 343	0. 228	0. 106	0. 346	0. 000
	总效应	0. 266	0. 060	4. 433	0. 143	0. 378	0. 000	0. 146	0. 382	0. 000
MFIN→CA	间接效应	0. 038	0. 018	2. 111	0. 010	0. 081	0. 009	0. 007	0. 076	0. 015
	直接效应	0. 125	0. 071	1. 761	-0. 012	0. 267	0. 125	-0. 016	0. 259	0. 085
	总效应	0. 164	0. 067	2. 448	0. 033	0. 296	0. 016	0. 029	0. 291	0. 019
MFC→CREC	间接效应	0. 027	0. 016	1. 688	0. 004	0. 071	0. 014	0. 002	0. 064	0. 029
	直接效应	0. 128	0. 073	1. 753	-0. 018	0. 268	0. 128	-0. 019	0. 268	0. 088
	总效应	0. 155	0. 072	2. 153	0. 007	0. 292	0. 042	0. 008	0. 292	0. 042
MFC→CREP	间接效应	0. 025	0. 015	1. 667	0. 003	0. 068	0. 016	0. 001	0. 061	0. 034
	直接效应	0. 158	0. 061	2. 590	0. 039	0. 280	0. 158	0. 039	0. 280	0. 010
	总效应	0. 183	0. 062	2. 952	0. 061	0. 304	0. 005	0. 062	0. 305	0. 004
MFC→CA	间接效应	0. 025	0. 015	1. 667	0. 003	0. 067	0. 016	0. 001	0. 059	0. 036
	直接效应	0. 139	0. 073	1. 904	-0. 007	0. 281	0. 139	-0. 005	0. 283	0. 057
	总效应	0. 164	0. 073	2. 247	0. 016	0. 304	0. 028	0. 020	0. 309	0. 025
MFA→CREC	间接效应	0. 034	0. 018	1. 889	0. 008	0. 081	0. 005	0. 005	0. 073	0. 013
	直接效应	0. 228	0. 068	3. 353	0. 094	0. 358	0. 228	0. 097	0. 362	0. 001
	总效应	0. 262	0. 066	3. 970	0. 131	0. 388	0. 000	0. 133	0. 392	0. 000

续表

路径	效应	效应值	标准误	Z 值	5000 次 Boostrap Bias-Corrected			95%置信区间 Percentage		
					下限	上限	P	下限	上限	P
MFA→CREP	间接效应	0.031	0.017	1.824	0.006	0.077	0.008	0.003	0.070	0.018
	直接效应	0.309	0.061	5.066	0.191	0.429	0.309	0.190	0.428	0.000
	总效应	0.340	0.062	5.484	0.221	0.463	0.000	0.220	0.461	0.000
MFA→CA	间接效应	0.031	0.017	1.824	0.006	0.074	0.010	0.003	0.069	0.018
	直接效应	0.144	0.075	1.920	-0.009	0.290	0.144	-0.007	0.290	0.058
	总效应	0.176	0.078	2.256	0.015	0.325	0.030	0.016	0.328	0.028
MFIM→CREC	间接效应	0.043	0.019	2.263	0.013	0.088	0.005	0.010	0.083	0.009
	直接效应	0.132	0.070	1.886	-0.012	0.262	0.132	-0.006	0.269	0.060
	总效应	0.174	0.066	2.636	0.037	0.299	0.011	0.041	0.306	0.009
MFIM→CREP	间接效应	0.039	0.019	2.053	0.010	0.088	0.008	0.007	0.082	0.014
	直接效应	0.093	0.063	1.476	-0.029	0.215	0.093	-0.031	0.213	0.143
	总效应	0.133	0.060	2.217	0.017	0.253	0.025	0.013	0.250	0.029
MFIM→CA	间接效应	0.039	0.019	2.053	0.010	0.087	0.008	0.006	0.082	0.015
	直接效应	0.198	0.070	2.829	0.060	0.336	0.198	0.063	0.339	0.003
	总效应	0.238	0.066	3.606	0.108	0.370	0.001	0.109	0.373	0.001

表 4-13 中介效应假设检验结果汇总

编号	假设内容	验证结果
H4a	城市形象在音乐节形象对城市知名度的影响中产生中介作用	部分中介
H4b	城市形象在音乐节形象对城市推荐度的影响中产生中介作用	完全中介
H4c	城市形象在音乐节形象对城市美誉度的影响中产生中介作用	完全中介
H4d	城市形象在音乐节传播力对城市知名度的影响中产生中介作用	完全中介
H4e	城市形象在音乐节传播力对城市推荐度的影响中产生中介作用	完全中介
H4f	城市形象在音乐节传播力对城市美誉度的影响中产生中介作用	部分中介
H4g	城市形象在音乐节吸引力对城市知名度的影响中产生中介作用	完全中介
H4h	城市形象在音乐节吸引力对城市推荐度的影响中产生中介作用	部分中介
H4i	城市形象在音乐节吸引力对城市美誉度的影响中产生中介作用	部分中介
H4j	城市形象在音乐节影响力对城市知名度的影响中产生中介作用	完全中介
H4k	城市形象在音乐节影响力对城市推荐度的影响中产生中介作用	部分中介
H4l	城市形象在音乐节影响力对城市美誉度的影响中产生中介作用	部分中介

第五章　结论和意义

第一节　研究过程总结

本研究第一章以厦门音乐节为例，探究在中国社会背景下音乐节对城市竞争力感知的影响。第一，分析了研究背景，阐明了当今城市竞争力与音乐节的现状，以及音乐节对城市竞争力感知影响的现实情况。第二，根据研究背景和现实情况，提出了关于当下的研究困境。第三，根据研究背景和研究困境，提出研究问题，即：音乐节是否对城市竞争力感知产生影响？音乐节影响城市竞争力感知过程中所有的因素有哪些？音乐节如何影响城市竞争力感知？如何通过举办音乐节提升城市竞争力感知？

为解决上述研究问题，第二章详细讨论了音乐节、城市形象和城市竞争力感知构成的研究动态。本研究以节事营销理论、形象转移理论、目的地形象理论和城市竞争力理论作为研究理论基础，总结并参考了音乐节对城市竞争力感知影响的相关文献，提出音乐节对城市竞争力感知产生影响的假设并构建相关模型。该模型和假设的分析总体为：音乐节对城市形象产生正向影响，城市形象对城市竞争力感知产生正向影响，音乐节对城市竞争力感知产生正向影响，城市形象在音乐节对城市竞争力感知影响的过程中起到中介作用。

接下来第三章则提出了研究方法。分为三个部分，分别是研究的框架和设计思路、量表和问卷的制定及统计方法的选择。首先，说明了研究的框架和设计思路。其次，量表和问卷的制定大致分为三个方面，一是初始量表的制定，二是量表的修订和检验，三是确定并设计正式的调研问卷。再次，阐述了统计方法的选择，包括描述性统计分析、探索性因子分析、信度分析、效度分析、假设检验和中介效应检验等统计方法。最后，说明了研究的总体和样本。

在第四章中，首先，采用正式调研的有效数据，运用 SPSS25.0 软件了解了受访者的人口统计学特征。其次，运用 SPSS25.0 软件和 AMOS Statistics 24.0 分析工具，对正式调研的有效数据分别进行了描述性统计分析、信度分析、效度分析、验证性因子分析对量表进行检验，确定量表的可靠性、有效性和稳定性。最终发现，本研究的数据具有较好的信度，所有变量的 CITC 相关性大于 0.5，同时 Cronbach's α 均大于 0.7。本研究数据具有较好的效度，该模型的整体适配度令人满意：CMIN/DF 值为 1.793，小于 3；RMSEA 为 0.045，小于 0.05；CFI 为 0.946，IFI 为 0.946，TLI 为 0.937，均大于 0.9。聚合效度和区别效度分析结果均达到令人满意的数值，各潜变量的因子荷载均大于 0.5，AVE 大于 0.5，CR 大于 0.7。潜变量的相关性系数值为显著且小于所对应的 AVE 的平方根。最后，运用 AMOS Statistics 24.0 软件，对正式调查数据进行路径和中介效应分析，通过结构方程模型方法进行假设验证，从而获得最终假设结果。本研究通过假设结果对前文所提出的研究问题进行解答和解释。

第二节　新知识点

总体来说，本研究的新知识点体现在研究角度、研究方法和研究概念框架上，如图 5-1 所示。回顾前文，第一章的问题陈述，论述了本研究的困境，因此，面对当前的研究困境，我们通过实证分析探索音乐节对城市竞争力感知的影响情况，归纳了本研究的新知识点，以期进一步填补当前音乐节的管理理论和管理实践的研究空缺。

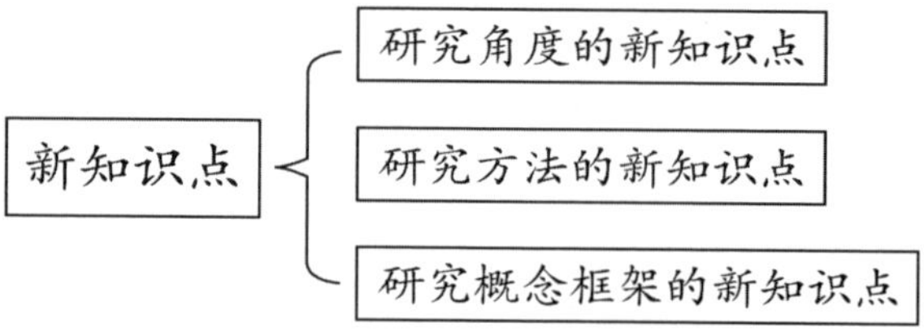

图 5-1　新知识点总体框架

一、研究角度的新知识点

本研究角度的新知识点，可概括为运用微观的研究思路解决宏观的问题。简而言之，就是从音乐节参与者的角度来探究音乐节对城市竞争力感知的影响情况。从音乐节的研究角度来看，本研究找到了一个研究音乐节的新思路和方向，即从宏观的思路来研究音乐节。本研究不拘泥于研究音乐节自身发展的短期营销模式，而是集中研究音乐节对城市的影响作用。虽然在现实生活中音乐节的研究需求量较大，同时音乐节作为城市的营销工具已尽人皆知，但与之相关的理论研究并不多。为了音乐节长久可持续发展，发挥音乐节对城市长期持续的效应，本研究从宏观的角度研究音乐节，将音乐节对城市的影响效应作为研究角度。

从城市竞争力的研究角度来说，当今的研究文献大部分从城市供给等“卖方”的宏观角度来研究城市竞争力的问题，而较少从游客的反映情况来研究城市竞争力。然而根据实际情况来看，从游客感知的视角研究城市竞争力适应了目前游客主导的市场需求的趋势（高颜超，2014）。城市竞争力的真正含义和研究意义是要反映在游客心目中的城市竞争优势。根据游客对不同城市感知的调查数据来计算竞争力，其主要优点可以抓住城市的内在特征，例如城市的吸引物、当地人们的友好程度、购物设施情况等，这些都是重要的竞争力因素（蒲雪芹，2008）。因此，本研究又从微观的思路，探寻游客对城市竞争力的感知情况，收集游客对城市竞争力反映的数据，研究音乐节对城市竞争力感知的影响。

二、研究方法的新知识点

本研究运用以结构方程模型方法为主的研究方法是另一个新知识点。正如第一章的问题陈述部分指出，目前音乐节在现实社会的潜力和功能无法被完全激发是由于当今音乐节研究现状较为薄弱，缺乏定量系统分析研究。当下有关于音乐节的研究多是停留在定性描述的阶段，即便有学者运用定量方法研究音乐节，多是参考官方提供的数据等。相比较之下，本研究运用结构方程模型方法系统地分析音乐节对城市竞争力感知的影响作用，能较为准确地、系统地和科学地反映出音乐节参与者的需求。

三、研究概念框架的新知识点

本研究的第三个新知识点在于研究概念框架，即本研究系统性地验证了音乐节如何影响城市竞争力感知。有许多学者提出音乐节可以影响城市竞争力感知，但只停留在定性研究的阶段，并没有探究音乐节对城市竞争力感知具体的影响过程和细节（Daniels & Norman，2003；赵凯越，2019）。本研究归纳出音乐节对城市竞争力感知影响的各个要素和原理，得出音乐节对城市竞争力感知的影响过程和逻辑，即音乐节不仅可以正向影响城市竞争力感知，同时音乐节可以通过城市形象间接正向影响城市竞争力感知，城市形象在音乐节对城市竞争力感知影响的过程中起到中介作用。具体过程为，音乐节不仅通过形象、吸引力、传播力、影响力对城市的知名度、美誉度和推荐度产生正向影响，同时音乐节通过形象、吸

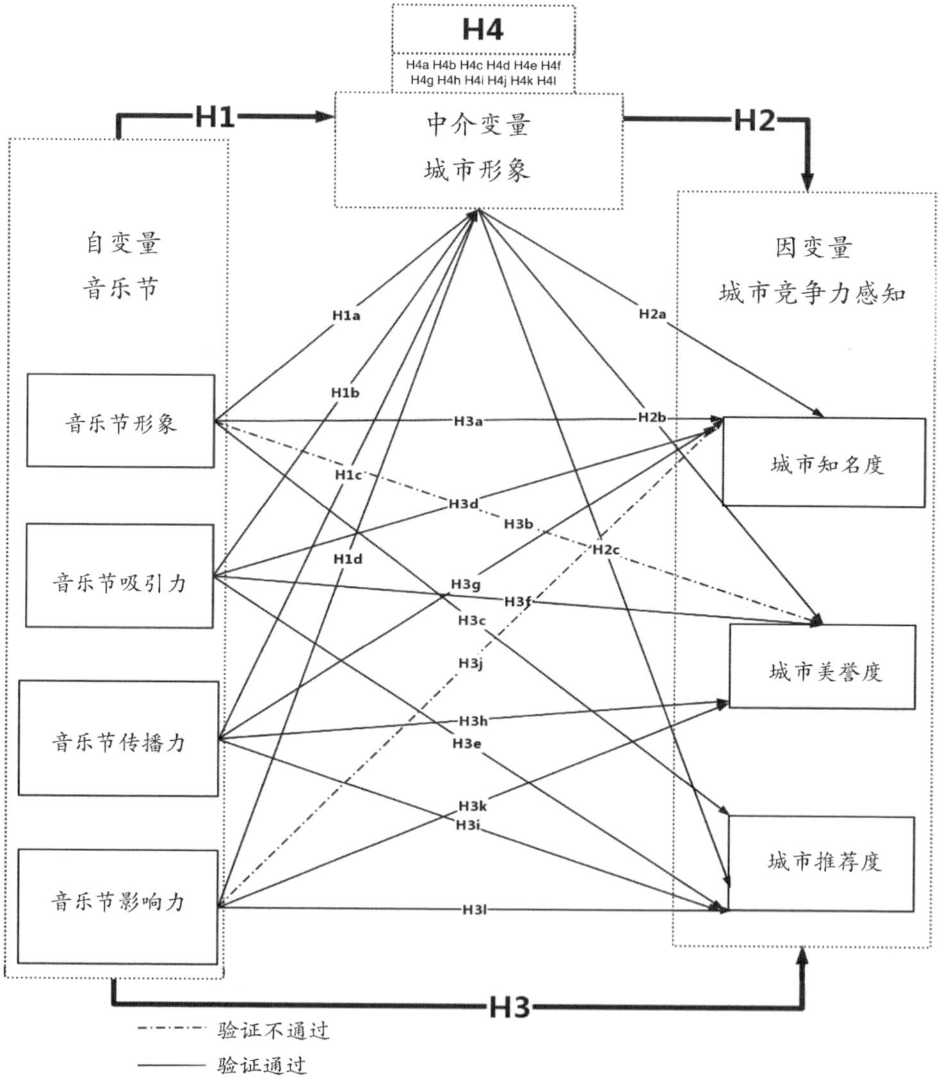

图 5-2　研究概念框架假设结果

引力、传播力、影响力在城市形象的间接作用下对城市的知名度、美誉度和推荐度产生正向影响，研究概念框架假设结果如图 5-2 所示，我们可以发现除两个路径不支持外，其他大部分路径都显示支持，而不支持的路径并不影响音乐节对城市竞争力感知的影响结果，反而为我们提供了研究信息。无论路径结果显示支持还是不支持，都反映了音乐节对城市竞争力感知影响的实际问题情况。

第二节　实证研究结果的讨论和解释

为了实证探寻音乐节对城市竞争力感知的影响作用，本研究提出了三个研究问题：第一，音乐节是否对城市竞争力感知产生影响；第二，音乐节影响城市竞争力感知过程中所有的因素有哪些；第三，音乐节如何对城市竞争力感知产生影响。本研究通过建立研究概念框架（如图 1-3），提出研究假设，通过结构方程模型方法分析，在实证研究假设中得到实证研究的结果。在这一部分，我们将讨论和解释上述实证的研究结果，解决上述三个研究问题。

一、音乐节是否对城市竞争力感知产生影响

经过实证研究，本研究认为音乐节确实对举办城市竞争力感知产生影响，为此提出了假设模型。

假设 H1 音乐节对城市形象产生正向影响，其四个分假设 H1a、H1b、H1c、H1d 全部通过。音乐节是城市营销的管道，是推广城市形象便捷和容易的方式。城市是文化的容器，是各种礼俗和传统文化构成的整体，是音乐文化的载体。音乐节是塑造城市形象的有效工具之一，通过厦门音乐节参与者的实际反馈，本研究认为举办音乐节是各个地方在当地塑造地方形象，提升地方文化影响力的重要方式。城市形象的塑造可以通过音乐节长期的举办而维持，音乐参与者对音乐节评价的好坏将直接影响到音乐节举办城市形象的评价。

假设 H2 城市形象对城市竞争力感知产生正向影响，其三个分假设 H2a、H2b、H2c 全部通过。若想要使城市焕发独特魅力和鲜活生命，在未来的城市竞争中脱颖而出，必须拥有自身特色与其他城市不同的核心价值，那就是展现鲜明的城市形象（林佳斌，2016）。城市形象与城市竞争力感知的关系密切。城市形象展示了城市的资源和产品，关系到城市是否在激烈的竞争中制胜。游客对城市

形象评价的好坏可以直接影响城市在游客心目中的城市竞争力。

假设H3音乐节对城市竞争力感知产生正向影响，除分假设H3b和分假设H3j路径不通过外，其余10个分假H3a、H3c、H3d、H3e、H3f、H3g、H3h、H3i、H3k、H3l均为支持。这是本研究最核心的假设，说明了音乐节是否影响城市竞争力感知的问题。音乐节可以提升拉动基础设施的建设，优化举办城市的地理环境，生活环境，社会风貌和人文精神，推进与外界的经济联系和文化交流，提高城市知名度、城市美誉度、城市推荐度，提升城市的竞争力感知。音乐节的举办，可以让音乐节与城市关系紧密相连，深入人心的音乐节将成为举办城市文化的一部分，确定整个城市的文化身份，这种文化身份促进了城市的知名度，提升了城市的美誉度，提高了城市的推荐度。文化作为软实力影响着生产力发展，从这方面看，音乐节由一个大型音乐节庆项目转变为一种文化资源，其成为提升城市竞争力感知的有效途径。

假设H4城市形象在音乐节对城市竞争力感知影响的过程中起到中介作用，它的12个分假设H4a、H4b、H4c、H4d、H4e、H4f、H4g、H4h、H4i、H4j、H4k、H4l全部支持。上述结果进一步说明了厦门音乐节通过其独特的文化盛宴，呈现高水准的中外艺术作品，不断地向外界展现着厦门独特的魅力和城市形象。厦门音乐节活动这样大众化的文化交流方式，有效地将厦门本土城市形象传递给国际社会，让世界更加了解中国文化，进而树立起一个良好的城市形象，从而进一步提升了厦门在世人心目中的城市竞争力。这也说明了音乐节可以促进城市功能的完善和整体形象的提升，进而增强城市竞争力。

从上述结论来看，我们确实可以发现音乐节对城市竞争力感知产生影响。

二、音乐节影响城市竞争力感知的因素

由上述结果我们可得知，音乐节影响城市竞争力感知的因素，包括基于音乐节参与者视角评价的音乐节形象、音乐节吸引力、音乐节传播力、音乐节影响力、城市形象、城市知名度、城市美誉度、城市推荐度。各因素相互之间关系的具体情况如表4-11所示。这里将归纳各变量的维度，解释音乐节影响城市竞争力感知的各个因素，归纳各变量量表的可靠性和有效性。

（一）音乐节

本研究认为音乐节一般是在某一特定地点有某一特定主题的一系列的音乐演出，是公众参与的庆祝活动。本研究对音乐节中音乐节参与者对音乐节的感知评价进行观察和分析，基于节事营销和目的地形象理论以及厦门本土音乐节实际情

况，研究从音乐节形象、音乐节吸引力、音乐节传播力、音乐节影响力等四个研究方向进行分析。

1. 音乐节形象

音乐节形象是音乐节参与者对音乐节形象的主观评价，是人们对音乐节的整体评价，对音乐节的整体认知，包括认知形象和情感形象。音乐节形象不仅反映了音乐节给音乐节参与者外在环境的感官印象，而且反映了音乐节参与者内在心理的情感波动，是音乐节表演成功与否的重要指标之一。

2. 音乐节吸引力

本研究中的音乐节吸引力是指音乐节吸引音乐节参与者的能力大小。详细来说，音乐节吸引力是音乐节举办的动力，是吸引音乐节参与者离开习惯性环境参与音乐节的能力大小。

3. 音乐节传播力

本研究中的音乐节传播力是指音乐节对音乐节参与者传播宣传的程度。音乐节本身就是具备传播手段的综合体，其具有营销传播服务的功能，音乐节传播营销的作用是其他媒体所无法替代的。

4. 音乐节影响力

本研究中的音乐节影响力是指在音乐节参与者心中音乐节对外界的影响程度。音乐节不仅对节事自身产生影响，更是对外在事物产生深远影响，是上述三个维度推动所产生的结果。

音乐节因素的准确性和稳定性从第四章的信度和效度分析结果就可以看出。音乐节的量表具有较好的信度和效度。

从信度效果来看，音乐节的四个维度，如音乐节形象、音乐节吸引力、音乐节传播力和音乐节影响力的 Cronbach' s α，音乐节形象为 0.749，音乐节吸引力为 0.804，音乐节传播力为 0.757，音乐节影响力为 0.752，均大于 0.7 临界值，CITC 相关性都大于 0.5，说明音乐节变量量表具有良好的内部一致性。音乐节形象、音乐节吸引力、音乐节传播力和音乐节影响力所组成的音乐节量表可靠程度良好，题目均符合所表达的内容。

从效度效果来看，首先音乐节量表的聚合效度理想，各个潜变量对应各个题目的因子荷载均大于 0.5，说明各个潜变量对应所属题目具有很高的代表性。另外，各个潜变量的 AVE 大于 0.5，CR 大于 0.7。其次音乐节量表的区分效度理想，具有显著的相关性（$P<0.01$），同时各个潜变量的相关性系数均小于所对应的 AVE 平方根。这说明各个潜变量之间具有一定的相关性，且彼此之间又具有

一定的区分度。

（二）城市形象

城市形象是人们对城市内在实力和外在活力的具体感知评价，是人们对当地的信念、想法和印象的总和，对城市的主观理解。本研究基于目的地形象理论研究音乐节参与者对举办地城市形象的感知评价。本研究从整体角度来界定城市形象，包括认知形象和情感形象。本研究在结合 Yi-Ni Tsai（2011）、Paulo 和 Jose（2018）等文献量表的基础上，通过深度访谈法，结合厦门市独有的城市特征，设计出城市形象的初始量表，通过预调研分析结果确认正式的城市形象量表，将其运用于正式调研当中。

城市形象因素的准确性和稳定性从第四章的信度和效度分析结果就可以看出。城市形象量表具有较好的信度和效度。从信度的效果来看，城市形象的 Cronbach's α 为 0.924，大于 0.7 临界值。CITC 相关性都大于 0.5，如表 4-6 所示。说明城市形象变量量表具有良好的内部一致性，说明城市形象量表可靠程度良好，题目均符合所表达的内容。从效度的效果来看，首先城市形象量表的聚合效度理想，各个潜变量对应各个题目的因子荷载均大于 0.5，说明各个潜变量对应所属题目具有很高的代表性。另外，各个潜变量的 AVE 大于 0.5，CR 大于 0.7，如表 4-9 所示。其次城市形象量表的区分效度理想具有显著的相关性（$P<0.01$），同时各个潜变量的相关性系数均小于所对应的 AVE 平方根。这说明各个潜变量之间具有一定的相关性，且彼此之间又具有一定的区分度。

（三）城市竞争力感知

游客的需求和感知是城市竞争力的根本，因此本研究从游客需求的角度来分析城市竞争力。在城市竞争力理论研究基础上，本研究结合黄颖（2019），庄国栋（2018），Fang Meng（2006）等文献量表的基础上，通过深度访谈法，结合厦门市独有的城市特征，设计出城市形象初始量表，通过预调研分析结果确认正式的城市竞争力感知量表，将其运用于正式调研中。

以下为城市竞争力感知的三个维度。

1. 城市知名度

城市知名度是人们对城市知晓和了解程度，评价城市名气大小的客观尺度，测量城市在游客心目中的突出程度。城市知名度反映了音乐节参与者对当地城市的知晓程度，对城市的理解程度。

2. 城市美誉度

城市美誉度是人们对城市声誉的好坏程度，对城市的信任和赞美程度，是公众对城市的信任、好感、接纳和欢迎程度。与城市知名度相比城市美誉度是具有褒贬倾向性，是对城市道德价值的判断。

3. 城市推荐度

城市推荐度是人们向亲友推荐城市的行为程度。相较于城市知名度和城市美誉度，城市推荐度属于最高的一个层次，可以体现出城市竞争力感知的情况。

城市竞争力感知因素的准确性和稳定性从第四章的信度和效度分析结果就可以看出。城市竞争力感知的量表具有较好的信度和效度。从信度的效果来看，城市竞争力感知的三个维度（城市知名度、城市美誉度和城市推荐度）Cronbach's α 如下，城市知名度为 0.821，城市推荐度为 0.865，城市美誉度为 0.800 均大于 0.7 临界值，CITC 相关性都大于 0.5，如表 4-3 所示。说明城市竞争力感知变量量表具有良好的内部一致性，说明城市知名度，城市美誉度和城市推荐度作为城市竞争力感知所组成的量表可靠程度良好，题目均符合所表达的内容。从效度的效果来看，首先城市竞争力感知量表的聚合效度理想，各个潜变量对应各个题目的因子荷载均大于 0.5，说明各个潜变量对应所属题目具有很高的代表性。另外，各个潜变量的 AVE 大于 0.5，CR 大于 0.7。其次城市竞争力感知量表的区分效度理想，具有显著的相关性（$P<0.01$），同时各个潜变量的相关性系数均小于所对应的 AVE 平方根。这说明各个潜变量之间具有一定的相关性，且彼此之间又具有一定的区分度。

三、音乐节如何影响城市竞争力感知

在基于目的地形象、节事营销和城市竞争力的理论基础上，本研究立足于中国文化以及厦门独有的音乐文化背景，通过实证分析，得到研究问题的结果之一，即音乐节是如何影响城市竞争力感知的。我们可以发现音乐节不仅可以直接正向影响城市竞争力感知，而且音乐节更是通过城市形象间接地正向影响城市竞争力感知。下文将分别说明假设 H1 到 H4 的研究结论。根据 Yi-Ni Tsai（2011）关于音乐节对城市影响的标准化路径系数效果水平的标准参考，标准化路径系数绝对值小于 0.1 算小效果，标准化路径系数绝对值在 0.3 左右是中效果，绝对值在 0.5 以上为大效果，本研究将对影响的效果进行效应的评估。

（一）音乐节对城市形象产生正向影响

本研究通过实证分析，验证了假设 H1 音乐节对城市形象产生正向影响。H1a 音乐节形象，H1b 音乐节吸引力，H1c 音乐节传播力，H1d 音乐节影响力对城市形象产生正向影响的分假设均得到支持。H1a 音乐节形象，H1b 音乐节吸引力，H1c 音乐节传播力，H1d 音乐节影响力对城市形象的标准化路径系数分别为 0.238，0.188，0.149，0.232。上述四个分假设均为中效果。上述结果和 Yi-Ni Tsai（2011）、Paulo 和 Jose（2018）、赵凯越（2019）等研究模式相互印证，音乐节形象、音乐节吸引力、音乐节传播力、音乐节影响力的评价越好，对城市形象的评价就越积极，反之亦然；同时，也说明厦门音乐节的举办对于厦门城市形象是有成效的。厦门音乐节的举办塑造了鲜明的厦门城市形象和独特的城市精神，实现了城市营销。厦门市音乐节形象、音乐节吸引力、音乐节传播力和音乐节影响力的提高有助于提升厦门的城市形象。

与以往相关的文献研究对比，本研究音乐节对城市形象的分假设的影响效果相较于其他的文献研究较小，比如说 Yi-Ni Tsai（2011）的文献中音乐节形象对城市形象影响的标准化路径系数为 0.33，其影响效果稍大于本研究假设 H1 中最大的分假设 H1a（0.238）。这也透露出厦门音乐节当下的现状，主要归因于厦门的各音乐节创办时间距今并不久远。即便如此，从研究的数据结果来看音乐节形象对城市形象的影响作用是显著的，音乐节形象对城市形象的正向影响是客观存在的。总体上来看，上述四个分假设中标准化路径系数从大到小依次为 H1a（0.238）、H1d（0.232）、H1b（0.188）、H1c（0.149）。也就是说，音乐节对城市形象影响的四个维度的影响效果由大到小依次为音乐节形象、音乐节影响力、音乐节吸引力、音乐节传播力。音乐节对城市形象影响最大的两个维度为音乐节形象（0.238）、音乐节影响力（0.232），说明音乐节的形象评价和音乐节的影响力对于城市形象的影响效果最为突出。与上述两个维度相比，音乐节吸引力和音乐节传播力（0.149）两个维度则小于 0.2，这说明厦门音乐节的吸引力和音乐节传播力有待加强。音乐节对城市形象影响最小的维度为音乐节传播力（0.149），反映了厦门音乐节的宣传力度，其无论是广度还是深度都有待提高，厦门音乐节的新媒体运用的能力有待提升。

（二）城市形象对城市竞争力产生正向影响

本研究结果显示城市形象对城市竞争力感知产生正向影响。分假设 H2a 城市形象对城市知名度产生正向影响，其标准化路径系数为 0.165；H2b 城市形象对城市美誉度产生正向影响，其标准化路径系数为 0.165；H2c 城市形象对城市推荐度产生正向影响，其标准化路径系数为 0.179。可见，上述分假设均得到支持。本研究上述三个分假设均为中效果。上述结果和庄国栋（2018）、Fang Meng（2006）等研究模型相互印证，证明了城市形象对城市竞争力感知的积极作用，也就是说城市形象的评价越高，城市知名度，城市美誉度，城市推荐度也会随之提高，反之亦然。上述三个分假设中影响效果最大的是 H2c 城市形象对城市推荐度产生正向影响（0.179）。H2a 城市形象对城市知名度产生正向影响和 H2b 城市形象对城市美誉度产生正向影响效果一样（均为 0.165），说明城市形象评价对城市推荐度的影响效果最为突出。这符合庄国栋（2018）关于城市竞争力感知的说明，即城市推荐度是城市竞争力感知最高层次的评价，城市推荐度的高低直接体现城市竞争力感知的强弱，反映了音乐参与者乐于向外界进行宣传和推荐该城市，这进一步证明了城市形象的评价对于城市竞争力感知的正向影响。

另外，城市形象对城市知名度和城市美誉度影响效果的一致也反映了厦门无论是其知名度还是美誉度都享誉海内外，这也正是厦门的城市竞争优势。正如前文所提到的厦门城市形象给人们带来的无论是视觉效果还是听觉效果，或多或少都会给城市的知名度和城市的美誉度加分助力，让人们自觉地为厦门市进行宣传和推荐。上述结果是厦门其独特的城市魅力使然，根据 2020 年中国副省级城市形象美誉度排名，厦门以 95%位列第一，如图 1-2 所示，这样的优势对于厦门市来说应该要继续保持。然而本研究城市形象对城市竞争力感知的影响效果相较于其他文献较小，譬如庄国栋（2018）文献中城市形象对城市知名度，城市推荐度和城市美誉度的影响效果分别为 0.667、0.669 和 0.457，属于大效果。其远大于本研究 H2a（0.165）、H2c（0.179）和 H2b（0.165）的影响效果。这也说明了新冠肺炎疫情对全国各地都产生一定的负面影响，比如 2020 年第一季度及全年国内旅游人次将分别负增长 56%和 15.5%，全年同比减少 9.32 亿人次（王婷等，2020）。毫无疑问，新冠疫情对厦门城市形象和城市竞争力感知都产生了一定的负面影响，从而间接导致城市形象对城市竞争力感知的影响效果比庄国栋（2018）的数据结果小。然而目前形势越是如此，我们越应该关注疫情带给社会民众的心理影响。无论是城市的居民还是来自其他地方的游客都迫切希望举办音乐节来缓解压力，这反映了举办音乐节的必要性和迫切性，即通过音乐节提升城市竞争力感知。

（三）音乐节对城市竞争力产生影响

经过实证分析，本研究通过了假设 H3，即音乐节对城市竞争力感知产生正向影响，这是本研究的核心假设。除分假设 H3b 和分假设 H3j 路径不支持外，其余 10 个分假设均为支持，影响效果均为中效果。10 个分假设中，标准化路径系数影响效果大于 0.2 有三个：H3f（0.309）、H2e（0.228）、H3k（0.228）。其余分假设均小于 0.2 大于 0.1。10 个分假设影响最小的是 H3i 音乐节传播力对城市推荐度产生正向影响（0.128），这说明音乐节的宣传对该城市的推荐度与其他分假设相比影响效果有待提升，这个结果和前文假设 H1c 音乐节传播力对城市形象影响效果较低的（0.149）结果相似，都说明了厦门音乐节传播力有待提高。此外，从人口统计特征数据分析结果方面来看，其同样反映了厦门音乐节传播力度不足：厦门市内和福建省内的音乐节参与者占比总数为 54.5%，国外音乐节参与者占比仅 9%。

上述结果和庄国栋（2018）、Fang Meng（2006）等研究模型相互印证，证明了音乐节对城市竞争力感知的正向影响作用，也就是说音乐节的评价越高，城市竞争力感知也会越高，即城市知名度，城市美誉度，城市推荐度会随之提升，反之亦然。如果同 Fang Meng（2006）进行比较，与本研究音乐节对城市竞争力感知各维度的影响效果差别不大。这说明厦门音乐节的举办对于厦门城市竞争力感知是有积极效果的。厦门音乐节的举办对厦门的知名度，美誉度，推荐度产生积极影响，提升人民心目中的城市竞争力。从城市的软件上来看，举办厦门音乐节，不仅能给音乐节参与者带来精神上的陶冶，提高艺术修养，拓展见识，同时还会带来艺术消费的增长，进一步完善和发展了城市的民俗文化（赵凯越，2019）。从硬件上看，举办音乐节优化了城市的建筑设施（例如建设剧院、音乐厅）、空间效果、市容市貌、交通设施等硬件设施建设。在新冠肺炎疫情仍在全球肆虐之时，对于城市而言，恢复城市活力，进一步提高城市竞争力感知成为重要任务。综上所述，无论是软件上、硬件上，音乐节形象、音乐节吸引力、音乐节传播力、音乐节影响力的提高和改善都有助于城市竞争力感知的提升。

假设 H3 中有两个分假设未通过，分别为分假设 H3b（即音乐节形象对城市美誉度产生正向影响）和分假设 H3j（即音乐节影响力对城市知名度产生正向影响）。关于上述两个分假设不通过有以下三个原因：第一，当前音乐节处于发展的初期阶段；第二，当前音乐节与城市的关联性有待加强；第三，音乐节需要经过城市形象的中介作用才能达到其影响城市竞争力感知的效果。关于第一个原因，在前文我们已经知悉，厦门音乐节有待发展，其影响力有待提高。厦门音乐节与一些知名的国际音乐节相比，缺乏稳定增长的影响力。第二个原因是音乐节与城市的关联性有待加强。当前厦门音乐节城市主题招牌特色较少。众所周知，音乐节最重要的功能之一就是对举办城市进行城市营销，以推广城市。音乐节不仅展现了举办城市当地的实体硬件内容，城市文化基础建设设施、地理环境、交通、人员素质等，而且表达了城市的文化内涵，对外传播城市精神和城市理念。第三个原因在于城市形象在音乐节影响城市竞争力感知过程中产生中介作用。H3b 和 H3j 分假设未通过是城市形象的完全中介效应导致，也就是说音乐节形象要经过城市形象的主观评价之后，才能对城市美誉度产生影响，音乐节影响力要经过城市形象的主观评价之后，才能对城市知名度产生影响。这也表明了音乐节要经过城市形象的评价才可以更好地对城市竞争力感知产生影响。我们将在下文继续阐明城市形象中介效应的具体总结。

（四）城市形象在音乐节对城市竞争力感知的影响过程中具有中介作用

实证结果显示城市形象在音乐节对城市竞争力感知影响的过程中起到中介作用，也就是说城市形象在音乐节对城市竞争力的影响起到搭桥连接的作用。表 4-12 和表 4-13 所示。在 12 个中介效应的分假设中，六个部分中介分别为 H4a、H4f、H4h、H4i、H4k、H4l，六个完全中介分别为 H4b、H4c、H4d、H4e、H4g、H4j。

H4a、H4f、H4h、H4i、H4k、H4l 为部分中介，说明音乐节参与者对音乐节的评价不仅直接对城市竞争力感知产生影响，而且可以通过城市形象的主观评价间接影响城市竞争力感知。从音乐节的研究角度来说，音乐艺术是无国界的语言，是人类沟通与交流最好的工具。音乐艺术始终被作为一种高尚的人类精神产物而被传播，音乐是体验和感知地方的重要途径。音乐节构建了多维的空间，加强了人与空间的联系。音乐节实际上是一个将艺术“大众化”的过程，在塑造城市形象和提高地方声誉上起到了其他活动所不能替代的作用。通过举办音乐节，音乐节参与者对音乐节举办地的地方意识被加强了，进而起到推广城市形象，提升城市竞争力感知的作用。从城市的研究角度来说，城市是文化的发展空间，城市的首要功能就是文化的交融功能（赵凯越，2019），因而良好的城市形象对于音乐节的营销作用至关重要。音乐节需建立在对举办城市良好的形象评价上，才可以更好地对该城市的知名度，美誉度和推荐度产生影响。

H4b、H4c、H4d、H4e、H4g、H4j 为完全中介，说明音乐节参与者对音乐节的评价通过城市形象的主观评价，进一步影响城市竞争力感知。譬如前文提到假设 H3 音乐节对城市竞争力感知影响中，分假设 H3b 和 H3j 的不通过，这与分假设 H4c 与 H4j 的完全中介效应相互呼应。虽然音乐节形象未能对城市美誉度产生正向影响，但是通过提高音乐节形象的评价，而影响到城市形象的评价进而影响到城市美誉度，音乐节形象对城市美誉度产生间接正向影响。同理虽然音乐节影响力未能对城市知名度产生正向影响，但是通过提高音乐节影响力，从而影响到城市形象进而影响城市知名度，即对音乐节影响力对城市知名度产生间接正向影响。此外假设 H3 剩余的分假设虽然结果显示支持，但其影响效果较小，需要城市形象的中介作用才能达到真正的影响效果。这呼应了前文所提到的三个原因，即：第一，厦门音乐节有待发展；第二，厦门音乐节与城市关联性有待加强，娱乐性大于城市的关联性；第三，城市形象的中介作用。首先厦门音乐节举办时间较晚，且音乐节尚未形成一定规模。其次，在新冠肺炎疫情之后，在厦门音乐节观众可能就为图一时之乐，可能更关心某个歌星或者是某个团体而并不在意音乐节举办城市。最后，城市形象的中介作用适用于当下音乐节对城市竞争力感知影响的模式。正因为厦门音乐节未形成一定规模，某些音乐参与者对娱乐性一味地追求，则更需要城市形象的评价作为音乐节与城市竞争力感知二者的纽带，因此无论是从现实来看，还是定量分析的结果来看，厦门作为中国“音乐之城”，其城市形象正成为连接音乐节与城市竞争力感知的桥梁。

四、实证研究结果和假设结果总结

本研究将厦门音乐节作为研究案例，探究音乐节对城市竞争力感知的影响。通过理论研究、假设模型设计、实证研究，结合当下厦门音乐节现状和音乐节参与者的反映情况，本研究解决了上述研究问题并进一步提出厦门音乐节面临的管理实际问题和不足。

首先，总结了音乐节确实可以影响城市竞争力感知，其表现为四个总假设 H1、H2、H3、H4 均显示支持。其次，对音乐节影响城市竞争力感知的八个因素进行归纳和总结。再次，总结了音乐节如何影响城市竞争力感知。总体来说，我们可以发现音乐节可以直接正向影响城市竞争力感知，也可以通过城市形象间接地正向影响城市竞争力感知。

那么，如何通过举办音乐节来提高城市竞争力感知呢？根据总假设 H1、H2、H3、H4 的实证结果，本研究从四个方面进行论述：其一，音乐节对城市形象产生正向影响，其表明若提高厦门音乐节的形象，吸引力，传播力和影响力则有助于提升厦门市形象的评价；其二，城市形象对城市竞争力感知产生正向影响，其表明若音乐节参与者在感受到积极的城市形象之后，则音乐节参与者乐于向外界积极宣传，赞许并推荐该城市；其三，音乐节对城市竞争力感知产生正向影响，说明厦门音乐节的举办提升了人民心目中的城市竞争力，其具体表现在对厦门的知名度，厦门的美誉度，厦门的推荐度产生积极影响；其四，城市形象在音乐节对城市竞争力感知影响的过程中起到中介作用，音乐节参与者对音乐节的评价需要通过城市形象的主观评价，才能更好地影响城市竞争力感知。举办音乐节不仅要提升音乐节的形象、吸引力、传播力和影响力，更要让音乐节参与者感受到良好的城市形象，这样才可以更好地提升城市竞争力感知。

通过上述的实证分析，我们了解到厦门音乐节的现实问题和不足。其一，从上述影响效果较低的几个分假设的标准化路径系数可以看出厦门音乐节当前属于发展的初期阶段。其二，厦门音乐节的宣传力度和传播力度有待提升，厦门音乐节的知名度有待提高，导致了省外和国外音乐节参与者的参与度和知晓度有限。其三，厦门音乐节的演出内容与城市关联性有待加强，其节目效果娱乐性较高，某些观众一味追求音乐节的娱乐性，过于关心某歌星进而忽视了音乐节举办城市，导致音乐节吸引力，音乐节传播力，音乐节影响力对城市知名度的影响效应较低。其四，受新冠肺炎疫情影响，无论是音乐节还是城市都受到一定的负面效应，表现在本研究所有假设的标准化路径系数没有大效果，最多只有中效果。虽然说大部分分假设都显示支持，但是总体来说标准化路径系数小于新冠肺炎疫情前的研究。

第四节 启示

在这一部分，本研究解决了最后一个研究问题，即：如何通过举办音乐节提升城市竞争力感知？

本研究在上述实证研究结果的基础上，通过进一步剖析和讨论，为音乐节对城市竞争力感知影响的研究找到管理理论与实践的研究启示，为音乐节提升城市竞争力感知提供战略思路，以期待为管理研究提供理论和实践的贡献。

一、理论启示

（一）音乐节的理论运用

本研究是将节事自身作为营销手段以最大努力吸引游客对该地区产生作用。在节事营销理论的基础上，音乐节管理有音乐节管理研究、音乐节供求关系研究和音乐节影响研究三个方面，本研究主要研究的是第三个方面，即音乐节影响研究。音乐节影响研究是音乐节作为事件的客体对周围环境的影响，本研究从这个角度出发研究音乐节对城市竞争力感知的影响，通过文献的归纳分析出音乐节影响效力共有四个重要的方向，即音乐节形象、音乐节吸引力、音乐节传播力、音乐节影响力。这四个方向成为音乐节变量构成基本的四个维度，并运用到音乐节影响城市竞争力感知模型当中，成功验证了音乐节对城市竞争力感知的影响，为研究音乐节以及音乐节对城市的影响效益提供理论借鉴。

（二）城市竞争力感知的理论运用

近年来，对城市竞争力感知的研究受到了广泛的关注。许多研究人员试图考察节事或者音乐节对城市竞争力感知的影响，这已成为当今研究的常态关键问题。虽然以往相当多的研究人员从产业或者从旅游地供给等宏观角度来考察这一问题，如 Ritchie 和 Crouch（1993，1999，2003）主要从产业层面讨论目的地竞争力等，但是也有研究人员从另外一个方面即从游客感知角度分析城市竞争力。游客对城市的感知已经成为学者研究的焦点。Ravald 和 Gronroos（1996）认为游客的感知可以作为营销的重要部分，是最成功的竞争战略。白凯等（2008）解释道游客对城市的感知是游客通过对城市信息的认知、接收、摄取与筛选，进而将信息内化为个人内部思维世界的现象，并最终形成对城市的认识与评价。邵革军、王贵清（2014）认为从需求的角度即从游客感知的角度来分析城市竞争力是十分必要的，因为游客的需求和感知才是城市竞争力的根本。本研究认为从游客感知角度分析城市竞争力具有一定优势，游客的需求和感知是城市竞争力的根本，对开拓市场至关重要，只有充分了解游客心理才能开展相对应的营销策略。因此本研究从游客感知角度分析城市竞争力，本研究所建立的关于城市竞争力感知的量表将为今后的城市竞争力感知研究提供一定的借鉴。

（三）音乐节对城市竞争力感知影响模型的理论运用

本研究在节事营销，目的地形象和城市竞争力感知等基本理论的基础上，参考众多文献提出音乐节对城市竞争力感知产生的假设并构建相关模型。综合研究结论，我们可以发现音乐节对城市竞争力感知产生影响，同时可通过城市形象的评价对城市竞争力感知产生影响，也就是说城市音乐节的举办可以让音乐节举办城市在竞争中获得优势。本研究通过检验音乐节与城市竞争力感知之间的关系，建立了一个从游客视角来考察城市竞争力的理论模型。本研究实证验证了音乐节对城市竞争力感知的正向影响，检验了城市形象在音乐节对城市竞争力感知的正向影响过程中起到中介作用。本研究所建立和测试的模型为城市竞争力与音乐节之间的关联提供了理论基础。本研究不仅进一步解释和验证了音乐节和城市竞争力感知的关系，而且也验证了音乐节和城市竞争力感知相关的行为内涵，及其定量研究的可行性，进一步论证了城市竞争力感知研究的重要性和必要性。该理论模型有助于指导未来的研究，以确定和量化音乐节和城市竞争力感知的要素，为音乐节影响城市竞争力感知的研究提供理论依据。

（四）城市形象作为中介变量的理论运用

正如前文所归纳的，城市形象是人们对城市实力的评价和印象想法的综合，其基本理论来自目的地形象。本研究将运用整体角度研究城市形象。有相当多的文献研究城市形象的中介效应，大部分受到了 SOR（Stimulus－Organism－Response）理论的影响。城市形象的中介作用正好适用于音乐节对城市竞争力感知影响的过程当中。本研究的实证结果显示城市形象在音乐节对城市竞争力感知影响的过程中起到中介作用，这也为今后城市形象作为中介变量的研究提供借鉴。

二、管理启示

根据前文的结论和厦门音乐节现实上的问题和不足，提出以下五点管理建议。前三点是从厦门音乐节的角度出发提出管理建议，后两点从城市形象规划的角度出发为厦门音乐节乃至今后音乐节的举办提供参考。

（一）整合厦门音乐节打造品牌效应

从厦门音乐节所展现的艺术效果来看，优化厦门音乐节形象，增强音乐节吸引力有助于改善厦门市形象，提升厦门城市竞争力感知。根据现状，实证结果显示有几个分假设影响效果较低，说明音乐节目前仍然属于发展的初期阶段。根据上述论断，本研究建议城市管理者和音乐节举办方应进一步提升音乐节质量，优化音乐节形象，加大音乐节吸引力，吸引更多的游客，对音乐节所产生的效应进行科学有效地评估，着重整合厦门音乐节产业。管理策略具体如下：

第一，城市管理者和音乐节主办方应确定音乐节目标，寻找提升音乐节形象的方法。首先，音乐节举办方应制定长期发展目标，打造品牌效应，这可以在很大程度上保证音乐节的专业性（朱岑郁，2014）。其次，作为音乐节的组织者，应该围绕音乐节本身特征，结合观众心理需求，为音乐节设定一个清晰的、有差异化的品牌定位，音乐节主题的确定应要有独特性，突出自身的特色，能与其他音乐节区分开，使之形象突出，这可以有效避免音乐节同质化问题（朱岑郁，2014）。再次，音乐节主办方应加强经营管理，提升经济效益，发挥品牌价值，提高社会效益，在宣传层面最大程度展现其品牌内涵，吸引更多的观众和赞助商，同时通过引入社会资金维持音乐节的运作（朱岑郁，2014），唤起消费者心中对该项节事的情感和联想。

第二，建立音乐节相关机制，实施可持续发展策略。首先，应提高音乐节关注者的满意度，吸引更多的人来关注音乐节，参与音乐节。努力营造音乐节积极正面形象，比如提供洁净的城市环境，保证音乐节举办场地的有序、整洁等，同时尽可能地减少或避免负面新闻及负面口碑的出现。其次，音乐节主办方可设立相关会员机构，为注册会员提供高质量的，个性化的服务内容，增加互动，使其对音乐节更有归属感，个性化会员服务能激发潜在会员的参与，从而扩展音乐节观众层次，开发更多的观众资源。譬如音乐节可为会员提供停车折扣服务、在音乐节活动期间提供酒店的优惠服务、邀请会员参与观赏音乐节活动的彩排，近距离接触艺术家等。上述会员福利对许多艺术爱好者来说是非常吸引人的机会（林佳斌，2016）。

第三，实行针对性音乐节营销，扩大受众覆盖面，同时保证音乐节的专业性（朱岑郁，2014）。音乐节主办方应着力打造海纳百川的文化格局，举办雅俗共赏，老少咸宜的音乐节，使音乐节的效应最大化。因此音乐节主办方应针对具有不同特征的音乐节参与者，采用精准高效的营销推广手段，配合多样化的营销补偿途径。音乐节主办方应根据音乐节参与者的群体特征进行有针对性的音乐节营销：对没来过厦门市的音乐节参与者，音乐节主办方应精心打造音乐节目效果，提高音乐节形象、音乐节吸引力，充分运用视听觉的效果营销方式来提升城市形象，提高城市知名度；对有来过厦门市的音乐节参与者，运用故地重游、回忆营造等情感营销方式来提升城市推荐度；通过完善音乐节产业链条，营造城市良好氛围来提升城市美誉度。

（二）打造具有深远的国际影响力的音乐节

从厦门音乐节对外的宣传效果来看，提高厦门音乐节传播力，扩大音乐节影响力有助于优化厦门城市形象，提升厦门城市竞争力感知。然而根据目前厦门音乐节的现状：厦门音乐节国内外的宣传力和知名度有待提高。根据上述的论断，本研究建议城市管理者和音乐节举办方应该从音乐节传播的深度和广度方面加强音乐节传播力，进一步扩大音乐节国内外的影响力。

第一，提前做好宣传准备，主动提供音乐节表演信息。音乐节主办方应整理城市资源信息和音乐节活动资讯，将上述信息通过各种渠道发散给社会公众；同时应邀请专业的机构进行调研，调查历届音乐节的观众满意度、演出上座率、成本、支出等，然后向公众发布信息，在音乐节宣传和传播的过程中做到公开、透明、共享。

第二，实施线上和线下双营销策略，在短时间内运用一切可用的资源、渠道、手段来加强宣传力度。一方面，音乐节主办方应积极开展线上营销，音乐节主办方必须重视互联网等新媒体传播渠道。比如设立专业机构，构建音乐节的会员数据库；建立音乐节官方微博、微信公众号、小红书、Facebook、Messenger、Instagram、抖音等社交平台，让观众随时掌握节目资讯并参与线上互动。另一方面，音乐节主办方应注重宣传内容的丰富性和与观众的互动性，达到口口相传的口碑效应。比如音乐节主办方和城市管理者可以提供音乐节专线专车，免费接送观众；免费赠送具有厦门当地特色的手工艺品和厦门闽南特色小吃；音乐节主办方可以加强音乐节参与者和演员的互动，进行签售发布活动或者互动游戏等。

第三，城市管理者和主办方应扩大宣传范围，挖掘宣传深度，加大音乐节对省外和国外的宣传力度，扩大音乐节影响力。城市管理者和音乐节主办方应在厦门各项音乐节已有的优势基础上，创建并打造与地方性文化符号相关的，具有新内涵的，国际性和现代性，面向未来文化产业新增长点，新风尚的，具有全国影响乃至国际影响的大型知名的音乐节（廖红宇，2019）。厦门音乐节应注重国际性，打造多元的文化互动平台。城市管理者和音乐节主办方可以邀请较有影响力的国外艺术家参与音乐节活动，增加国外艺术家与厦门市民的互动频率，组织国外艺术家与观众面对面交流等。

（三）加强音乐节与城市的关联性

虽然从实证的结果上来看，音乐节对城市形象和城市竞争力感知产生正向影响，但是有几个影响效果偏低的分假设说明了厦门音乐节与城市的关联性有待加强。音乐节主办方应结合厦门市独有的本土城市形象，从厦门城市特色入手增强厦门城市文化在音乐节的呈现力度。譬如可以考虑在音乐节举办期间定期举办城市主题专场音乐会。从前文可知，虽然音乐节具有娱乐性和艺术性，但同时我们也发现音乐节具有城市营销功能性，这要求城市管理者应平衡好二者的关系。

第一，音乐节主办方和城市管理者应巧妙设计音乐节的空间场所。一方面，城市管理者应重视广场和公共场所的作用，发挥其辐射效应，整合周边艺术场所资源，打造厦门最有影响力的艺术区域等。另一方面，厦门拥有得天独厚的自然美景，山海相连，城市管理者和音乐节举办方可以考虑在自然景观区域举办音乐节，做到山海与音乐艺术相互交融，加深音乐节参与者对厦门城市的印象。例如在厦门的观音山海滩、鼓浪屿港仔后海滩等美景都举办过数个音乐节，如“草莓音乐节”“鼓浪屿沙滩音乐节”等，城市管理者和音乐节主办方可以考虑在上述海滩举办城市山海主题音乐节。

第二，音乐节的宣传内容应重点展现城市形象。城市管理人员和音乐节主办方应该时刻注重城市形象的建设与维护，营销人员应加大对城市属性（如旅游环境、基础设施等）在音乐节中的宣传。利用音乐节的媒介属性构建一个真实而正面的城市形象，提高游客对城市形象的认知，加强城市认知形象和情感形象的管理和建设，不仅要满足游客的认知体验还应满足情感体验，通过不断优化塑造良好独特的城市形象，从而增强游客的城市推荐度，这样有利于游客向他人传播城市的积极方面（张洋等，2017）。具体来说，音乐节应积极展现举办城市形象为主的宣传内容，音乐视频、微电影等文化产品，渲染城市情感氛围，使音乐节参与者产生共鸣与联想，加强音乐节参与者对城市的情感联系，通过多感官协同效应将城市形象传播给音乐节参与者。在音乐节举办期间，音乐节主办方和城市管理者应借助电视和网络视频传媒尽可能插播举办地的城市宣传片，加深音乐节参与者对城市的印象。

第三，加强音乐节艺术家与观众的情感互动，展现城市文化特色。音乐节的举办都是以一定文化为基础的，所以音乐节的主题应该与当地的历史文化，风土人情紧密结合。在节目编排方面，要求音乐节编导应尽量将厦门的城市本土文化作为音乐节表现的主题内容，加入具有厦门闽南特色的音乐艺术。同时应注重大众对艺术效果的强烈需求，挖掘艺术创作潜力，摒弃低俗的文化作品，创作民众喜爱的艺术精品。在艺术表演方面，音乐节演员应通过表演音乐作品来宣传城市特色，突出音乐节的城市主题，展现举办地的城市文化。在音乐节现场，演员可以通过与观众的互动，引导观众了解厦门城市文化的历史，传递厦门的城市面貌，展现厦门的城市魅力。

（四）保持和创建厦门市城市音乐形象

从实证结果来看，城市形象在音乐节对城市竞争力感知的影响过程中发挥中介作用。正如前文所说，厦门是“音乐之城”，因此厦门城市管理者应继续努力保持和创建厦门市城市音乐形象，继续提高厦门音乐文化的软实力和硬实力，开发和利用好城市的音乐无形资源和音乐有形资源（Intangible & Tangible）。音乐有形资源指的是可以承载音乐节的各种演出、展示、交流活动的专业性场所。无形资源指的是和城市有关的人文资源。

一方面，城市管理者和音乐节主办方应积极开发并利用好当地的音乐有形资源。例如音乐博物馆、剧院、戏院、音乐学校等硬件设施。厦门拥有众多音乐有形资源，例如钢琴博物馆、风琴博物馆、鼓浪屿音乐厅、宏泰音乐厅、厦门音乐学校、中央音乐学院鼓浪屿钢琴学校等。城市管理者和音乐节举办方应利用和维护好上述厦门音乐有形资源，完善设施，提升服务，呈现给音乐节参与者良好的音乐环境，让音乐节参与者享受沉浸式的音乐氛围体验，提升音乐节参与者对城市的好感。同时做好相关的服务工作，完善各类配套设施，如交通、酒店、餐饮等。从硬件方面为音乐节参与者展现厦门良好的音乐城市形象。

另一方面，城市管理者和音乐节主办方应积极开发并利用好当地的音乐无形资源，例如和城市有关的音乐文化、音乐名家等人文资源。厦门的音乐文化艺术容纳了西方音乐和厦门当地的闽南音乐。厦门拥有着众多的音乐名家，如中国现代音乐事业先驱者周淑安，著名医学家、歌唱家林俊卿，著名音乐家李焕之，著名指挥大师郑小瑛，钢琴大师殷承宗，钢琴“神童”牛牛等。厦门拥有较有影响力的交响乐团如厦门交响乐团，厦门爱乐乐团。城市管理者和音乐节举办方应利用和维护好上述厦门音乐无形资源，引导音乐节参与者学习厦门本土特色的音乐文化，了解厦门的音乐故事和音乐家的事迹，让音乐节参与者体验音乐文化街区，例如音乐家故居、音乐文化特色街区等。扩大厦门本土音乐团体和组织在厦门音乐节演出的比例。利用音乐无形资源为音乐节参与者展现厦门良好的音乐城市形象。

（五）把握新冠疫情给音乐节带来的机遇和挑战

在新冠肺炎疫情背景下，如何通过音乐节尽快恢复厦门城市活力，进一步提高厦门城市竞争力感知，是当前亟须解决的重要问题。随着国内疫情控制情况整体较好。疫情期间，为缓解社会紧张情绪，传播抗疫正能量，官方媒体和民间组织在厦门举办了许多音乐节。在新冠肺炎疫情暴发之后，一方面全国各地经济和旅游业受到巨大的负面影响，这给当下的城市音乐节带来严重的现实挑战；另一方面疫情后的社会恢复需求成为厦门音乐节当下良好的发展机遇，城市管理者需要把握好新冠肺炎疫情给音乐节带来的机遇和挑战。建议如下：

第一，城市管理者应确立符合当下疫情防控精神的音乐节营销方案，例如为抗疫医护人员和志愿者提供音乐节免费门票。音乐节主办方应全方位、多视角、多感官展现厦门市疫情防控的成绩。

第二，优化音乐节形象，提高音乐节吸引力，充分发挥音乐节的营销作用。通过推广独具特色的音乐节目，策划新颖的音乐活动，传播富有活力的城市形象，塑造城市魅力；在音乐节举办期间提出具有现实意义的营销口号，例如“战胜疫情，共享音乐，享受生活”等；通过组织志愿者进行抗击疫情宣传等活动；建立完善的景区公共卫生安全管理体系，降低游客感知的风险。

第三，城市管理者和音乐节主办方应提高音乐节参与者对城市的关注力度，助力城市各行业的恢复。大力发挥音乐节的传播力度，呈现疫情结束之后的厦门市优美的景观、街头景象，提高音乐节吸引力，提升音乐节参与者对城市的依恋与兴趣；音乐节在宣传期间，可以通过拍摄厦门的景观视频、宣传片等，从视觉和听觉来唤起音乐节参与者对城市的喜爱与向往。

第五节　研究局限性以及未来研究方向

尽管前文通过理论分析和实证检验验证了音乐节对城市竞争力感知的影响，但由于本研究主观能力的局限和客观资源的约束等原因，研究存在一定的局限性。

一、研究局限性

首先，当前无论是音乐节还是城市竞争力的研究都是复杂的话题，其表现在音乐节和城市竞争力的概念不统一，存在各种各样的研究角度和方法。虽然本研究从音乐节参与者感知的角度研究音乐节和城市竞争力，发展了相关的理论概念，但未来的研究仍需要从更多的角度来进一步完善和统一音乐节和城市竞争力的相关概念和研究结构。

其次，本研究的变量可能存在细化和补充的空间。虽然本研究的量表和变量基于文献综述、定量与定性方法构建和确定的，但无论是量表还是变量的设计仍有待完善。

最后，从研究案例来看，由于是研究音乐节对城市竞争力感知的影响，其研究地域范围的重点在于城市，本研究的案例来源于中国厦门市音乐节参与者，其调研的区域仅在城市范围内，所以研究对象较为单一，收集区域比较受限。

二、未来研究的建议

城市竞争力和音乐节的研究议题是非常复杂的，未来的研究可以从多个角度，并采用多种方法进行。

第一，从研究对象来看，除音乐节参与者需求的角度，未来的研究也可以从音乐节供应方的角度，即城市管理者的角度、管理专业人士的角度进行分析和探索，还可以从宏观数据的角度进行分析，甚至可以结合上述三个角度进行研究。

第二，从数据收集的时间阶段来看，本研究是在某一时间点收集数据。未来的研究者可以从不同的时间阶段来研究音乐节对城市竞争力感知的影响，考察音乐节参与者对各个时间阶段的相关感知并收集数据。譬如考察音乐节参与者参加音乐节之前，途中、现场、结束之后的感知体会等。

第三，从研究地点来看，每个城市具有特殊性，未来的研究应该基于不同的城市和功能来考察音乐节对城市竞争力的影响，未来的研究者即可以单独，也可以对比研究各个地理区域的音乐节和城市竞争力感知，以达到增强相关的研究架构，构建更坚实和稳定的模型。

从变量和量表的构建角度来看。其一，纵观全文的各个变量我们发现本研究变量的维度之间存在潜在联系。如音乐节变量中的四个维度——音乐节形象、音乐节吸引力、音乐节传播力、音乐节影响力之间存在因果关系：一个良好的音乐节形象有利于音乐节吸引力的提升，一个吸引力强大的音乐节有助于音乐节的传播和宣传，当然上述的三个维度最终都可能影响音乐节的影响力。再如城市竞争力感知变量中的三个维度——城市知名度、城市美誉度、城市推荐度同样存在因果关系。一个知名度良好的城市有利于城市的美誉度，同时上述维度也最终影响到游客对城市的推荐度。未来的研究可以继续探索变量维度之间更深层的关系。其二，从中介变量的设置上来看，本研究运用了城市形象作为模型的中介变量。未来的研究将进一步探索城市形象的中介效应。此外，城市形象与音乐节和城市竞争力的研究现状相同，即城市形象目前并没有统一的研究定义和测量标准。正如 Rodoula 和 Vanessa（2010）提到，目的地形象在旅游管理中非常重要，但是至今没有公认的可接受的目的地形象的定义或量表。未来的研究可能会继续巩固并建立音乐节，城市形象和城市竞争力的相关量表。其三，在本研究概念框架的基础上，未来的学者会进一步拓展和延伸音乐节和城市竞争力感知的研究。例如，未来的研究可以将音乐节参与者的投入程度，参与音乐节动机和音乐节满意度作为研究变量加入研究概念框架。再比如未来的研究者会研究音乐节或者城市竞争力感知对游客的行为，城市满意度、回访意愿和游客忠诚度的影响。此外，由于本研究主要探究音乐节对城市竞争力感知的影响，所以并没有加入关于新冠肺炎疫情的影响要素，以防混淆研究概念和研究结果。但当今也有一些文献陆续提出音乐对疫情后城市的作用和影响并通过了验证，说明了未来的研究可能将疫情的影响作为研究要素，如作为调节变量或者中介变量等。

本研究希望在理论方面能为音乐节和城市竞争力感知的理论研究提供借鉴，在实践方面将有助于音乐节举办方和城市管理者提供高质量的音乐节和城市体验，扩大竞争优势，吸引更多的音乐节参与者和城市观光客。

第六章　对学前教育研究领域的启示

本项研究对音乐节与城市竞争力之间的关系进行了深入探讨，所得出的结论不仅对城市管理者和音乐节主办方具有重要的实际应用价值，同时也对学前教育领域产生了积极的启示，比如对幼儿音乐活动、幼儿旅游等研究内容具有研究参考价值。《中共中央　国务院关于优化生育政策促进人口长期均衡发展的决定》发布，随着三胎政策的实施，更多的孩子进入家庭，他们对于音乐的需求和兴趣会有所增加。因此，对于幼儿音乐活动的研究，我们需要更加深入地了解孩子们的需求和喜好，设计适合他们的音乐游戏和活动。这样可以满足孩子们的音乐兴趣，同时帮助他们通过音乐活动更好地学习和成长。随着三孩政策的实施，孩子们的旅游需求也将增加。对于幼儿旅游的研究，我们需要更加关注孩子们的旅游体验和需求，设计适合他们的旅游线路和活动，从而帮助他们更好地体验旅游的乐趣和益处。

第一节　对幼儿音乐活动和游戏的设计与实施启示

本研究发现，厦门音乐节对于城市音乐教育具有重要的意义，音乐节的多样性和包容性，能够吸引不同年龄段、不同背景的人们参与，提供了一个展示和交流音乐的平台，这种影响力扩展到城市文化和教育领域。对于幼儿音乐教育来说，也可以借鉴这种方式，通过组织各种形式的音乐游戏和活动，来提高幼儿的乐感和音乐素养。幼儿天性对音乐有着喜爱之情，他们在生活中会不自觉地哼唱自己熟悉和喜爱的歌曲。热爱音乐是孩子的天性，即使是还不会说话的小婴儿也常常能在听到美妙的音乐时发出笑声。随着感知觉的飞速发展，幼儿更是展现出对音乐的喜爱，他们会主动跟随音乐节奏摆动身体，或者在玩游戏时哼唱完整的乐句。3 岁左右的幼儿可以跟随着有节奏的音乐自发做出一些简单动作，如跳跃、拍手、点头等。5—6 岁幼儿对身体的控制能力增强，动作发展更加精细。这种表现进一步证明了音乐对于幼儿身心发展的重要性。通过参加音乐活动，幼儿可以在轻松愉快的氛围中享受音乐的魅力，同时提高自己的社交能力和创造力。本研究中音乐节吸引力、形象、传播力、影响力描述音乐节特点和影响力的关键指标，可以作为幼儿音乐活动和游戏的设计与实施的借鉴和启示。

音乐节的吸引力是一个值得研究的方面。本研究音乐节吸引力可以为幼儿音乐活动以及游戏提供研究参考。本研究认为音乐节具有吸引功能。音乐节的吸引力在于其独特的氛围和活动内容，如音乐表演、艺术展示、社区参与等。这些元素可以在幼儿音乐活动中得到借鉴，通过设计有趣的音乐游戏和活动，吸引幼儿参与并激发他们对音乐的兴趣。例如，教师可以在音乐游戏中加入音乐表演环节，让孩子们通过表演来展示自己的才艺，同时也能够增强他们的自信心和表达能力。另外，音乐节的艺术展示也为幼儿音乐教育提供了很好的参考，通过展示不同类型的音乐、舞蹈、戏剧等艺术形式，帮助幼儿拓宽视野并培养他们的审美能力。

日本著名音乐教育家铃木镇一先生提倡以游戏的方式引导幼儿在愉快的情感体验中接受美的熏陶，从而培养幼儿扎实、全面的音乐素质和音乐能力。在他出版的《爱的才能启发》一书中曾提出：“幼儿的音乐教育要从游戏般的快乐心情开始，再以游戏般的快乐心情引导到正确的方向。”“幼儿音乐教育需借助游戏的方式，引导幼儿在愉快的情感体验中，接受美的熏陶，而实施音乐游戏最终是为了将幼儿引向正确的发展方向，也就是培养幼儿扎实、全面的音乐素质和音乐能力。”这包括培养幼儿的听觉能力、节奏感、歌唱能力、音乐欣赏能力以及合作能力等。通过游戏的方式，可以让幼儿在轻松愉快的氛围中逐渐掌握这些技能和能力，从而帮助他们更好地理解音乐、感受音乐和创造音乐。这一教育理念强调了游戏和愉快体验的重要性。

在音乐游戏的设计过程中，教师需要充分考虑幼儿的年龄特点和思维发展阶段，设计充满趣味性的音乐游戏、制定好玩易懂的游戏规则，培养幼儿对音乐感觉。幼儿的学习动力大部分来自兴趣和好奇心。因此，教师在设计音乐游戏时，要尽可能地让游戏内容充满趣味性，吸引幼儿参与其中。例如，可以设计一些与音乐相关的角色游戏，让孩子们扮演不同的角色，通过表演和游戏的方式，感受和理解音乐。游戏规则要简单易懂，便于幼儿理解和操作。教师可以利用简单的音乐元素，如节奏、旋律等，来制定游戏规则。同时，在游戏过程中，教师还要注意引导幼儿学会遵守规则，培养他们的合作精神和秩序意识。幼儿对音乐的感觉可以通过多种方式来培养。例如，教师可以通过音乐游戏来培养幼儿的节奏感、音高感等基本音乐能力。此外，还可以通过引导幼儿欣赏不同类型的音乐作品，培养他们的音乐欣赏能力和审美情趣。幼儿通过感官体验来认知和理解世界。因此，在音乐游戏中，教师可以通过引导幼儿听、唱、演、看等多种感官方式，让幼儿全面地感受和理解音乐。同时，教师还可以利用多媒体技术，如音频、视频等，为幼儿提供更加丰富的感官体验。

音乐节作为一个城市重要的文化活动，其形象对于城市形象的提升具有重要的作用。同样，幼儿音乐活动也可以借鉴音乐节的形象，通过营造积极向上、充满活力的氛围来增强幼儿对音乐的感受和体验。音乐节通常会有一个特定的主题和标志，用来表达活动的核心理念和特点。教师在组织幼儿音乐活动时可以设计主题和标志，并围绕这个主题来设计活动，让孩子们在参与的过程中感受到音乐的魅力和力量。例如，可以设计一些以音乐为主题的游戏，让孩子们在游戏中感受音乐的节奏和韵律；还可以组织一些简单的歌唱和舞蹈表演，让孩子们展示自己的才艺，同时也能够锻炼他们的表现力和自信心。音乐节通常会融入当地的文化和传统元素，呈现地方特色。音乐节通常会通过宣传和现场氛围的营造来吸引观众，传递积极向上的能量。幼儿音乐活动也可以借鉴这种方式，通过音乐、灯光、道具等手段来营造积极向上的氛围，让孩子们在活动中感受到快乐和兴奋。幼儿音乐活动也可以通过融入当地的传统文化和元素，让孩子们在活动中了解和接触传统文化，增强对本土文化的认同感和自豪感。

音乐节作为一种大型的文化活动，其传播力非常强。通过各种媒体和社交平台的传播，可以让更多的人了解和参与。因此，幼儿音乐活动也可以借鉴音乐节的传播方式，通过各种渠道来宣传和推广。教师可以通过社交媒体、家长群等渠道来宣传幼儿音乐活动，吸引更多的家长和孩子参与。同时，教师还可以利用网络平台来分享活动内容和成果，让更多的人了解幼儿音乐教育的价值和意义。前文提到音乐节通常会通过社交媒体平台（如微博、微信、抖音等）进行广泛的宣传和推广，提高了音乐节与城市的知名度和美誉度。幼儿音乐活动也可以利用这些平台进行宣传，增加活动的知名度和参与度。家长群和社区网络是家长们获取信息和交流经验的重要渠道。教师可以在这些渠道上发布幼儿音乐活动的信息，与家长们分享孩子们的学习成果，吸引更多的家长和孩子参与。音乐节常常会与各类音乐教育和文化机构进行合作，共同推广音乐文化。幼儿音乐活动也可以寻求与相关机构的合作，通过机构的专业力量和资源，提升活动的影响力和质量。音乐节的组织者通常会收集和分析参与者的反馈和数据，以改进和优化活动。幼儿音乐活动也可以通过收集和分析参与者反馈和数据，了解孩子们的需求和兴趣，为活动的改进和优化提供依据。通过借鉴音乐节的传播方式，幼儿音乐活动可以更好地推广和传播，吸引更多的家长和孩子参与，促进幼儿音乐教育的多元化发展。

本研究音乐节影响力可以为幼儿音乐活动研究领域提供多元化发展、与社区的互动、国际化发展等方面的参考。今后研究可以通过借鉴音乐节的多元化表演形式和文化元素，可以研究如何为幼儿提供更加多样化的音乐教育和活动形式，促进幼儿音乐教育的多元化发展。幼儿音乐活动可以引入不同国家和地区的音乐和舞蹈形式，例如西班牙弗拉明戈、印度泰米尔纳德邦的卡塔克舞蹈等。通过让孩子们接触和学习不同的音乐和舞蹈元素，可以增强他们对音乐的理解和欣赏能力，同时也可以促进跨文化交流。此外，可以在音乐活动中引入不同类型的乐器演奏，例如钢琴、小提琴、吉他等，以培养孩子们的乐感和音乐创造力。今后研究可以借鉴音乐节的社会参与和互动特点，研究如何鼓励幼儿和家长积极参与社区音乐活动，培养幼儿的团队合作精神和社会责任感。鼓励幼儿和家长积极参与社区音乐活动是培养幼儿团队合作精神和社会责任感的重要途径。比如可以组织亲子音乐会、社区合唱团等活动，让孩子们在参与过程中学会与他人合作和沟通。此外，可以组织社会公益音乐活动，例如义演、音乐治疗等，让孩子们通过自己的努力为社会做出一份贡献，培养他们的社会责任感和公民意识。今后研究可以借鉴音乐节的国际化特点，研究如何鼓励幼儿参加国际交流活动，拓展他们的音乐视野和文化素养。促进幼儿音乐教育的多元化发展，提高幼儿的音乐兴趣和创造力，促进幼儿的全面发展（如图 6-1）。

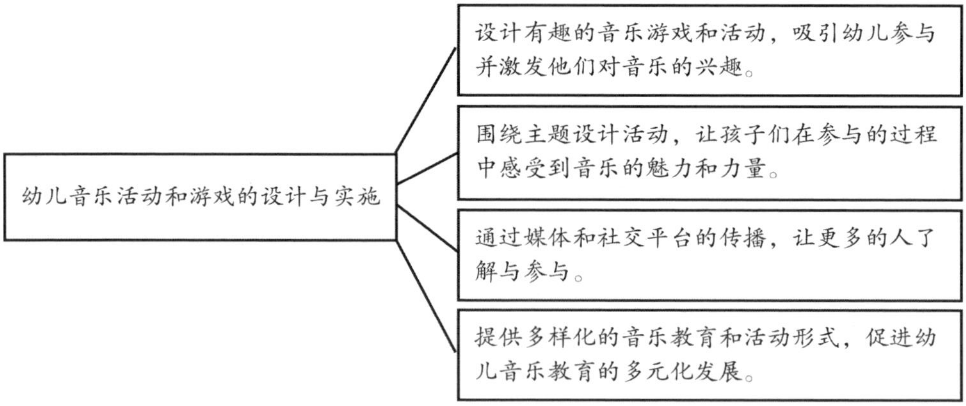

图 6-1　本项研究对幼儿音乐活动和游戏的设计与实施启示

第二节　对幼儿旅游研究的启示

一、幼儿旅游现状

1989年《儿童权利公约》（*Convention on the Rights of the Child*）是联合国历史上加入国家最多的国际公约，公约的第三十一条规定“缔约国提出儿童的休息权、符合年龄的游戏与娱乐活动权以及参加艺术与文化生活的权利是应该被确定以及被尊重的，并且提出应该为儿童多提供一些参与娱乐、休闲、艺术、文化的机会。”这为儿童旅游的发展提供了强有力的法律支持和社会共识。

在过去的几十年中，幼儿旅游已经从一种单纯的娱乐活动，逐渐发展成为一种教育活动和社交体验。而幼儿不再仅仅是旅游的被动参与者，而是逐渐成为旅游活动的主动参与者和受益者。这不仅体现了社会对幼儿权利的尊重，也反映了人们对幼儿全面发展的重视。然而，尽管幼儿旅游在理论上得到了广泛的认同，但在实践上仍然面临许多挑战和困难。如何设计适合幼儿并能满足他们各种需要的旅游产品和服务，如何保证幼儿在旅游过程中的安全和健康，如何构建一个能促进幼儿全面发展的旅游环境等，都是当前幼儿旅游研究的重要议题。同时，随着科技的进步和社会的发展，幼儿旅游的形式和内容也在不断变化。例如，数字技术和互联网的普及，使得在线游戏和虚拟旅游成为可能；可持续旅游和绿色旅游的理念，也对幼儿旅游产生了深远影响。因此，幼儿旅游研究也需要不断更新和拓展，以适应时代的变化和发展。

随着休闲度假理念的普及和社会对幼儿成长教育的重视，中国亲子游市场和研学旅游市场正迎来高速增长期和黄金发展契机。然而，关于亲子旅游和研学旅游的理论研究却明显滞后，幼儿旅游者也一直被边缘化。目前幼儿旅游面临以下困难。一方面，许多旅游企业并未充分认识到幼儿在旅游过程中起到的作用，导致幼儿旅游者的需求得不到满足。一些旅游企业可能对幼儿旅游者的需求和特点认识不足，难以把握幼儿旅游市场的变化和趋势。他们可能无法提供适合幼儿的服务和产品，也无法满足幼儿旅游者的需求。例如，一些旅游景点可能没有为幼儿设置游乐区、亲子活动室、儿童餐厅等设施，旅游行程也缺乏互动性和趣味性。一些旅游企业可能缺乏专业的导游和服务人员，无法为幼儿旅游者提供更好的服务。一些导游可能不了解幼儿的特点和需求，无法为幼儿提供个性化的导游服务；一些服务人员可能缺乏专业的技能和服务意识，无法为幼儿提供优质的服务。一些旅游企业可能存在安全措施不足的问题，无法确保幼儿旅游者的安全。一些旅游景点可能没有设置安全警示牌、提供紧急救援服务等措施，导致幼儿旅游者的安全无法得到保障。一些旅游景点和旅游企业可能缺乏专门为幼儿提供的服务设施和活动项目，旅游行程缺乏互动性和趣味性，难以吸引幼儿的注意力。因此，旅游企业需要加强对幼儿旅游者的关注，提供适合幼儿的服务和产品，以满足市场需求。

另一方面，获取幼儿旅游相关数据的难度较大，部分学者质疑幼儿对外界环境的感知判断及决策行为能力。首先，幼儿的认知能力和心理发展尚未成熟，对外界环境的感知和判断能力也较为有限，由于幼儿旅游市场相对较小且分散，导致能够获取的幼儿旅游数据相对较少。此外，由于幼儿的旅游决策常常受到家长或其他成年人的影响，因此单独针对幼儿的行为和偏好的数据收集存在较大难度。这也给获取相关数据带来了挑战。其次，幼儿的心理和认知发展尚未完全成熟，他们的旅游决策往往受到周围成年人影响，而且他们的旅游体验和反馈也不同于成年人。这就使得理解并预测幼儿旅游行为变得更具挑战性。这种质疑在一定程度上影响了幼儿旅游者的地位和发展。最后，幼儿旅游市场具有一定的特殊性和复杂性。幼儿的旅游需求和偏好会随着年龄的增长而改变，而且不同类型的幼儿（如城市幼儿与乡村幼儿，不同地区、文化背景的幼儿等）其旅游需求也会存在显著差异。然而，事实上幼儿对外界环境的感知和判断能力正在不断发展和完善。因此，应该加强研究幼儿的感知和判断能力及其发展规律，帮助旅游企业更好地认识和理解幼儿的需求和行为特点，以便提供更加适合幼儿的服务和产品。同时，也需要探索如何通过教育和培训来提高幼儿的自主性和判断能力，使其更加适应现代社会的发展需要。

二、本项研究对幼儿旅游研究的启示

皮亚杰认为，人类的认知发展是从童年时期开始的，并且通过不同的阶段逐渐形成和成熟。其中，感知运动阶段是幼儿认知发展的第一个阶段，这个阶段主要发生在语言之前的时期，即幼儿主要通过感觉动作图式与外界取得平衡以及处理主客体关系。在这个阶段，幼儿通过感知和动作来探索周围世界，例如通过咬、抓、握、摆弄等动作来感知物体的形状、大小、质地等属性，见于0—2岁的儿童。随着年龄的增长，儿童进入前运算思维阶段，这是认知发展的第二个阶段。在这个阶段，儿童的各种感知运动图式开始内化为形象图式或表象，也就是说，他们开始能够理解和使用象征性符号来代表事物。在这个阶段，幼儿开始能够理解事物的固有属性，但仍不能理解事物的概念和概念之间的关系，见于2—7岁的儿童。这些阶段的发展与环境和社会交互作用密切相关，不同环境和社会经验会影响幼儿的认知发展。

从儿童发展心理学的角度来看，幼儿可以通过与外界环境的交互形成自己的情绪、情感等心理特征，对旅游环境有一定的认知，从而清楚自己的旅游需求。早期的研究者如Cullingford（1995）认为幼儿已经对世界有了整体的、清楚的认知。不仅仅是对于一些表面性的概念，幼儿对于国家的区域划分和政治属性也有所了解。他们能够清楚地辨别哪些国家可以作为有吸引力的旅游目的地，并且会规避一些可能存在危险的地方。情绪和情感是幼儿心理特征的重要组成部分，它们影响着幼儿的行为和认知过程。在与旅游环境的交互中，幼儿可以形成自己的情绪和情感反应，从而对旅游环境产生一定的认知。比如，当幼儿在旅游过程中遇到一些不愉快的事情时，他们可能会感到害怕、不安或者愤怒等情绪，这些情绪会影响他们对旅游环境的认知和评价。幼儿对于旅游目的地的选择也受到他们自身认知能力和心理特征的影响。他们可能会选择一些适合自己的旅游目的地，比如喜欢冒险的幼儿可能会选择一些具有挑战性的旅游目的地，而喜欢安静的幼儿则可能会选择一些风景优美的地方。这些选择反映出幼儿对于旅游环境的认知和需求，同时也受到他们的认知能力和心理特征的影响。总之，从儿童发展心理学的角度来看，幼儿对于旅游环境有一定的认知，并且能够明确自己的旅游需求。这种认知能力是幼儿在成长过程中逐渐形成的，受到情绪和情感等心理特征的影响。同时，幼儿对于旅游目的地的选择也反映出他们对于旅游环境的认知和需求，具有很强的个体性和主观性。

本研究可以为从幼儿视角出发探索幼儿对城市感知评价研究提供启示。环境对人的影响无疑是深远的，世界著名的教育学家霍姆斯基指出每个人童年时代生活的环境给他留下的印象，对其日后人格的养成具有重要影响。幼儿对城市的感知可以指幼儿旅游者通过旅游活动对城市的感知，是旅游活动的结果，包括城市的要素和空间结构，形成不同的城市感知类型评价。因此今后幼儿旅游研究可以参照本项研究，分析幼儿对城市形象的感知评价、城市竞争力感知的三个要素，即城市美誉度、城市知名度、城市推荐度的评价等。抑或根据幼儿认知发展理论将被调查者分为不同的年龄阶段，探讨其感知能力的发展规律。在研究幼儿对城市评价方面，可以通过调查和分析幼儿在旅游过程中的言行举止、对旅游目的地的选择偏好以及对旅游资源的利用等来了解幼儿对于城市的评价情况。

城市形象是指城市在旅游者心中产生的印象和评价。我们发现城市形象已经在漫长的发展和学科交叉中有了延展性，尽管表达的形式不统一，但城市形象具有包容性。幼儿城市形象可以定义为幼儿对城市的认知、情感等方面的评价。具体来说幼儿城市形象可以定义为幼儿对城市的内心描绘或认识，是幼儿头脑中经过想象可以回忆出来的城市环境描述，包括了幼儿对城市的认知评估，对城市的情感倾向。总体来说，幼儿城市形象是幼儿对城市的认知、情感和体验等方面的综合评价。这种评价不仅包括了城市的环境、建筑、景观等物质层面的认知，还包括了幼儿对城市的情感倾向和态度等心理层面的评价。

今后的研究同样可以从城市形象的认知维度、情感维度、整体维度来研究幼儿城市形象感知。幼儿城市形象的认知维度包括幼儿对城市的认知和评估，是从幼儿的视角来研究其对包括城市的建筑、景观、活动等方面的认知和理解。例如，幼儿对城市的建筑风格、景观特色、文化活动等。幼儿城市情感形象的维度包括幼儿对城市的情感倾向，包括对城市的喜欢、厌恶、亲近等情感。例如，有的幼儿喜欢某个城市的环境和氛围，而有的幼儿则可能不喜欢某个城市的建筑风格和环境氛围。因此，在研究幼儿城市形象时，需要注重幼儿对城市的情感倾向和态度等方面的研究，以便更好地了解幼儿对城市的情感需求和偏好。今后的研究应强调倾听幼儿的声音，重视幼儿的研究参与，而不在将幼儿放在传统研究中被观察、被测量的被动地位。研究应尽量站在幼儿的角度，重视幼儿参与，使幼儿能够强调自我，自由地展示其天性。

城市美誉度是指城市在旅游者心中的美好印象和评价。对于幼儿旅游研究来说，城市美誉度可以启示研究者关注幼儿对城市的评价和感受。如关注幼儿对某一城市的整体评价，了解他们是否喜欢该城市，喜欢的背后原因又是什么。又如，研究者可以通过调查问卷的方式，问幼儿对于某个城市的评价是积极的还是消极的，或者为什么喜欢或者不喜欢某个城市。通过这些信息，研究者可以了解到城市美誉度对于幼儿旅游者产生的实际影响。此外，城市美誉度还可以启示研究者关注城市中吸引幼儿的因素，例如，研究者可以了解哪些设施、活动和环境等要素是幼儿旅游者所喜欢的，这些要素可能包括美丽的自然景观、有趣的儿童游乐设施、丰富的亲子互动体验等。这些发现可以帮助研究者更好地了解幼儿旅游市场的特点，为提升城市对幼儿的吸引力提供有价值的参考。城市美誉度对幼儿旅游研究的启示还可以包括如何提升城市对幼儿的吸引力。研究者可以探讨如何将城市中一些受幼儿喜欢的元素发扬光大，并改善和优化不受幼儿喜欢的元素。例如，针对幼儿旅游者的特点，可以在城市中增加更多儿童游乐设施和亲子互动体验项目，以此提高城市对幼儿的吸引力。总之，城市美誉度对于幼儿旅游研究具有重要的启示作用，可以帮助研究者更好地了解幼儿旅游者的需求和偏好，进一步探讨幼儿旅游市场的特点和规律。

城市知名度是指城市在旅游市场中的知名度和吸引力。对于幼儿旅游研究来说，城市知名度可以启示研究者关注幼儿对城市的了解程度和兴趣程度。例如，研究者可以探讨幼儿对著名旅游城市的认知程度和兴趣，以及这些城市如何吸引幼儿及其背后的原因。此外，城市知名度还可以启示研究者关注城市中不同方面的特点对幼儿旅游者产生的影响。例如，研究者可以关注城市中的历史故事和文化传承等元素，这些元素可能对幼儿旅游者产生吸引力。此外，研究者还可以探讨城市中的特色美食、民俗文化等元素如何吸引幼儿旅游者，并了解这些元素如何促进幼儿对城市整体形象的认识和理解。对于幼儿来说，他们可能对一些大城市并不具备清晰的认识，甚至可能没有听说过这些城市。在幼儿旅游研究中，我们需要注意到他们的认知能力和经验水平。在研究中，我们需要通过观察、问卷调查等方式来了解幼儿对城市的认知和兴趣情况，并结合他们的年龄、认知特点和生活经验等因素来进行深入探讨。同时，我们也需要认识到幼儿旅游市场的发展趋势和特点，为幼儿旅游市场提供更加符合他们需求和期望的服务和产品。

城市推荐度是指城市被旅游者推荐给他人的程度。对于幼儿旅游研究来说，城市推荐度可以启示研究者关注幼儿在旅游过程中获得的体验和感受，以及他们对城市的满意度。例如，有些孩子可能会因为喜欢城市的动物园、游乐场或某种特定的食品而向家人和朋友提出对该城市的喜爱。幼儿的喜爱通常是非常真实和可信的，因为他们的认知和喜好往往更加直接和纯真，没有成年人那么多的偏见和考虑。家人和朋友也可以在适当的时候引导幼儿更加全面地了解城市的特点和多样性，帮助他们拓宽视野和认知。此外，城市推荐度还可以启示研究者关注城市中需要改进的方面，例如旅游设施、安全和卫生等方面，这些方面可能影响幼儿的旅游体验和推荐度。

今后幼儿旅游研究可以借鉴本项研究中的实证研究方法。我们可以在具体的研究过程中采取以下措施：首先，充分考虑幼儿的认知和表达能力的特点。这包括设计适合幼儿的问卷和访谈方式，例如使用色彩鲜艳的图片、卡通形象或者简单的文字描述来引导幼儿表达他们的想法和感受。同时，确保所收集的数据和信息真实可靠。其次，在样本选择时要考虑代表性。要针对不同年龄段、不同性别、不同背景的幼儿进行调查，这样可以获取更全面的数据和信息。此外，还可以考虑采用分层抽样或随机抽样的方式来提高样本的代表性。再次，运用统计分析等定量研究方法对收集到的数据和信息进行分析和研究。例如，通过数据分析工具进行描述性统计、回归分析等操作，深入挖掘幼儿旅游者的需求和偏好。此外，还可以结合定性研究的方法，例如内容分析、案例研究等，以更全面地了解幼儿旅游者的行为特征和需求。最后，为提高实证研究方法的可靠性和有效性，我们还可以进行内部一致性和外部有效性检验。

未来的幼儿旅游研究应着重关注幼儿旅游者的情感体验和成长发展。在旅游过程中，幼儿旅游者所获得的独特情感体验，如快乐、兴奋、新奇等，对他们的成长发展具有深远影响。这些积极的情感体验能够帮助幼儿建立自信心、勇气和探索精神，从而促进他们的全面发展。此外，通过旅游活动，幼儿的审美能力、文化素养和社会责任感等素质也可以得到培养和提高。例如，游览自然风光和历史古迹可以帮助幼儿更加深入地了解自然和文化，从而丰富他们的知识储备和拓展他们的视野。幼儿旅游者的家庭背景和父母的教育理念对他们的旅游体验和成长发展有着重要的影响。研究家庭因素如何影响幼儿旅游者的情感体验和成长发展，可以帮助我们更好地理解家庭在幼儿旅游中的角色，并提供有针对性的建议。此外，参加各种旅游活动还可以培养幼儿的学习能力、沟通能力和团队合作精神等方面的素质。因此未来的幼儿旅游研究应更加关注幼儿在旅游过程中的情感体验与成长发展的关系，探讨如何通过优化旅游体验和活动设计来促进幼儿的多方面发展。旅游不仅可以带给幼儿积极的情感体验，还可能对他们的心理健康产生积极的影响。未来的研究可以探讨如何通过优化旅游体验和活动设计来促进幼儿心理健康的发展，如减轻焦虑、提高自信心等。旅游为幼儿提供了一个与同龄人互动和交流的平台。今后可以研究幼儿旅游者在旅游过程中的社交能力表现，以及如何通过旅游活动培养他们的社交技能和社会适应能力，可以为幼儿旅游教育提供有益的指导。同时，也需要进一步研究和探讨如何确保幼儿在旅游过程中的安全和健康，为他们的全面发展提供更加可靠的支持和保障（如图 6-2）。

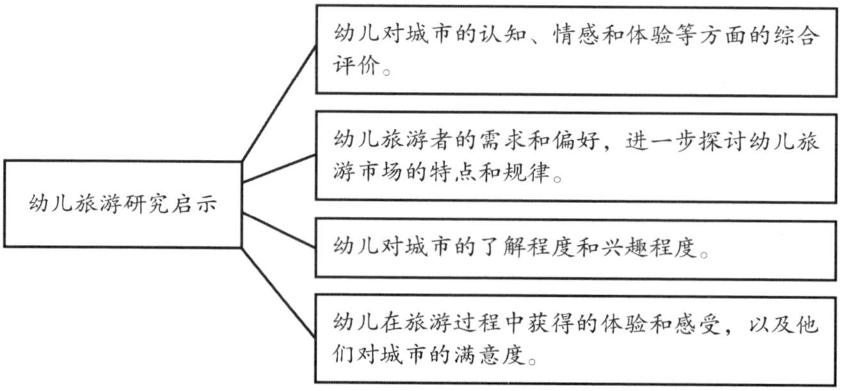

图 6-2　幼儿旅游研究启示

附录

深度访谈

封面信

亲爱的朋友们：

我写信是想请您帮一个忙。我的论文是为研究音乐节与城市竞争力感知之间的关系。为了更好地衡量“音乐节”和“城市竞争力感知”，在现有文献的基础上，我想请您帮助，根据您的经验和知识，对这个概念给出一些想法。

非常欢迎您能给我任何建议！

非常感谢您对本次调研的帮助和支持！

如果您有任何问题，请和我联系。谢谢！

游珽钧

访问提纲

1. 厦门作为一个旅游城市，举办过哪些节事？请举例说明。
2. 请分享您对厦门音乐节的感受。
3. 您认为厦门音乐节的哪些方面可以吸引观众？
4. 厦门音乐节能够影响城市的哪些方面？
5. 请描述您对厦门的印象。
6. 您认为厦门最受欢迎的地方是什么？
7. 您认为音乐节能否提升城市竞争力？为什么？

访谈稿件

编号 1

Q1. 厦门作为一个旅游城市，举办过哪些节事？请举例说明。

比如厦门音乐节，举办厦门音乐节是为贯彻落实厦门市政府的文化旅游政策，重点培育和打造音乐品牌文化。

Q2. 请分享您对厦门音乐节的感受。

从整个厦门音乐节的效果来看，我对厦门音乐节的印象很好。

Q3. 您认为厦门音乐节的哪些方面可以吸引观众？

我觉得厦门音乐节吸引观众在于厦门音乐节拥有众多的国内外的艺术家。

Q4. 厦门音乐节能够影响城市的哪些方面？

众所周知，厦门是一个音乐之城，而音乐节的举办更加打造了城市音乐文旅品牌 IP，为厦门提供了良好的音乐交流平台。厦门音乐节带动了餐饮业、酒店民宿、特色景区等，形成了一系列的城市联动效应。

Q5. 请描述您对厦门的印象。

我对这个城市感到骄傲和自豪。厦门是一个非常舒适宜人的城市，受到了来自五湖四海人们的高度评价。

Q6. 您认为厦门最受欢迎的地方是什么？

据我所知，厦门目前最受欢迎的是当地的美食。我希望全国乃至全世界的朋友们都来品尝厦门的地道美食。比如厦门的蚵仔煎、凤梨酥等。

Q7. 您认为音乐节能否提升城市竞争力？为什么？

音乐节当然可以提高城市竞争力。比如厦门艺术氛围相当浓厚，是这座城市的优势，音乐节可以很好地让厦门的文化优势展现出来，让游客直观地感受到城市的竞争优势，吸引更多的游客光临。这也是我们举办音乐节，打造音乐节品牌的出发点和落脚点。具体来说，我们要提高音乐节的演出质量，要打造一个吸引观众眼球、流传度高、有影响力的音乐节。

编号 2

Q1. 厦门作为一个旅游城市，举办过哪些节事？请举例说明。

比如说厦门音乐节。这是一个很好、很专业的音乐节。

Q2. 请分享您对厦门音乐节的感受。

这是一个很好的传播音乐魅力的平台，鼓舞人心。

Q3. 您认为厦门音乐节的哪些方面可以吸引观众？

厦门音乐节的古典音乐比较多，表演很专业，很精彩。

Q4. 厦门音乐节能够影响城市的哪些方面？

我觉得在厦门音乐节举办期间，城市的道路变得更加干净了。

Q5. 请描述您对厦门的印象。

厦门是一个非常有魅力的城市，街道整洁，让人感觉很舒适、开心。

Q6. 您认为厦门最受欢迎的地方是什么？

我认为厦门的自然环境非常好，有很好的人文历史，比如鼓浪屿和中山路的历史建筑及博物馆。

Q7. 您认为音乐节能否提升城市竞争力？为什么？

音乐节可以提高城市竞争力。我认为城市竞争力要包括城市各个方面，既要有城市的自然生态，也要有城市的历史文化等。音乐节是很好的城市宣传方式，是一种直观的体验、经历。当然，音乐节提升城市竞争力的前提是音乐节要给人一种良好的形象，让人感觉看过之后还意犹未尽。

编号 3

Q1. 厦门作为一个旅游城市，举办过哪些节事？请举例说明。

据我了解，厦门有很多知名的节事，比如中国金鸡百花电影节、鼓浪屿音乐节等。

Q2. 请分享您对厦门音乐节的感受。

厦门音乐节很规范、很专业，有的音乐节规模很大。

Q3. 您认为厦门音乐节的哪些方面可以吸引观众？

厦门音乐节比较专业和比较精致，活动非常丰富。

Q4. 厦门音乐节能够影响城市的哪些方面？

由于厦门本身就有很浓厚的艺术氛围，我觉得厦门音乐节起到一种放大这座城市艺术氛围的效果。厦门音乐节对城市的精神和物质都有较大的提升。

Q5. 请描述您对厦门的印象。

厦门是一座非常有魅力的海滨城市，同时拥有非常浓重的人文气息。

Q6. 您认为厦门最受欢迎的地方是什么？

我觉得应该是厦门独有的音乐人文吧，特别是在音乐方面，厦门是著名的音乐之城。

Q7. 您认为音乐节能否提升城市竞争力？为什么？

我认为音乐节可以提高城市竞争力。一个拥有竞争力的城市需要有良好的知名度、口碑。首先，我觉得音乐节要让人觉得赏心悦目，让人放松。其次，音乐节要鼓舞人心，寓教于乐。再次，要扩大音乐节的影响效果，提高城市的口碑。

最后，可以激发出音乐节对城市竞争力的效果。

编号 4

Q1. 厦门作为一个旅游城市，举办过哪些节事？请举例说明。

据我所知，厦门拥有众多节事，比如厦门马拉松赛事、厦门音乐节等。

Q2. 请分享您对厦门音乐节的感受。

厦门音乐节让我感觉非常的专业。

Q3. 您认为厦门音乐节的哪些方面可以吸引观众？

厦门音乐节的舞台布景很漂亮，拥有专业的团队和演员，主办方邀请了很多音乐家来表演。

Q4. 厦门音乐节能够影响城市的哪些方面？

一方面，厦门音乐节提升了整个城市的人文气质。另一方面，通过厦门音乐节中的比赛选拔了一些音乐人才，进一步提升了城市的音乐知名度。

Q5. 请描述您对厦门的印象。

我对厦门这座城市充满了感情，这里有美丽的海滩环境和令人流连忘返的街景。

Q6. 您认为厦门最受欢迎的地方是什么？

我觉得厦门最受欢迎的是当地独特的人文吧。众所周知，厦门是一个非常美丽的文艺之城。

Q7. 您认为音乐节能否提升城市竞争力？为什么？

我认为音乐节可以提升城市竞争力。我认为音乐节也是提升城市文化实力、提高城市声誉的一种方法。毫无疑问，音乐节可以提升城市文化、娱乐等能力，提高城市声誉，进而让城市获得竞争优势。

编号 5

Q1. 厦门作为一个旅游城市，举办过哪些节事？请举例说明。

厦门是一个文化艺术氛围浓厚的城市，举办过众多的节事，据我所知，厦门举办过草莓音乐节、厦门音乐节。

Q2. 请分享您对厦门音乐节的感受。

我觉得厦门音乐节国际性和专业性很好，参加的人数很多。

Q3. 您认为厦门音乐节的哪些方面可以吸引观众？

我觉得厦门音乐节设施服务还不错，有很多国际知名的音乐家参与。

Q4. 厦门音乐节能够影响城市的哪些方面？

我明显感觉厦门音乐节改变了厦门的城市面貌，人们的文明素质有所提高。

Q5. 请描述您对厦门的印象。

厦门是我的家乡。在这里，有我的家人、同学、朋友。这是我的家，提到厦门倍感亲切。

Q6. 您认为厦门最受欢迎的地方是什么?

厦门的自然环境、城市街道干净整洁，景色宜人。

Q7. 您认为音乐节能否提升城市竞争力? 为什么?

我认为音乐节可以提升城市竞争力。首先音乐节演出效果要好，然后音乐节有一定的规模和影响力，可以提升城市的知名度，提高城市竞争力。

编号 6

Q1. 厦门作为一个旅游城市，举办过哪些节事? 请举例说明。

据我所知，厦门举办过鼓浪屿钢琴节等国内知名音乐节事。

Q2. 请分享您对厦门音乐节的感受。

我觉得厦门音乐节的音乐内容非常的积极向上，曲目安排得很好。总体来说，厦门音乐节深受大众喜爱。

Q3. 您认为厦门音乐节的哪些方面可以吸引观众?

我觉得厦门音乐节的演出效果非常精彩，无论是演出的设备，还是演出的内容都安排得很好。

Q4. 厦门音乐节能够影响城市的哪些方面?

我觉得厦门音乐节提升了整个城市的文化品位。

Q5. 请描述您对厦门的印象。

厦门有阳光沙滩、碧海蓝天，这里的人热情好客。

Q6. 您认为厦门最受欢迎的地方是什么?

我觉得厦门最受欢迎的应该是整个地方具有浓厚的文艺气息，同时环境优美，非常适合居住，就是一个让人来了就不想走的地方。

Q7. 您认为音乐节能否提升城市竞争力? 为什么?

我认为音乐节可以提高城市竞争力。举办音乐节可以对外宣传本土文化，可以将艺术资源转化为商业价值，甚至提高城市的竞争力感知。这要求音乐节应该要做好音乐节的体验效果，吸引更多的国内外游客来厦门，从而提升该城市的竞争力感知水平。

编号 7

Q1. 厦门作为一个旅游城市，举办过哪些节事? 请举例说明。

据我了解，厦门举办了福建厦门群众文化艺术节、鼓浪屿音乐节、厦门音乐节等节事。

Q2. 请分享您对厦门音乐节的感受。

厦门音乐节可以说是厦门的一个音乐盛会，云集众多的作曲家、钢琴家、高校教授、艺术家等，是一个很不错的音乐活动。

Q3. 您认为厦门音乐节的哪些方面可以吸引观众？

本来厦门就是一个极具吸引力的城市，厦门音乐节精彩的活动和文艺氛围可以吸引观众。

Q4. 厦门音乐节能够影响城市的哪些方面？

我认为厦门音乐节很好地顺应了现在的时代潮流，就是中国现在大力推动的以文化带动旅游。厦门音乐节就是一个很好的例子。我觉得厦门音乐节可以很好地促进厦门的旅游业。

Q5. 请描述您对厦门的印象。

我对厦门的印象很好的。厦门算是一个非常漂亮的花园式的海滨城市。有众多的国内外游客到访这里，除了美丽的景色，厦门还拥有丰富的人文艺术，各种形式的音乐会、音乐节。

Q6. 您认为厦门最受欢迎的地方是什么？

我觉得厦门最受欢迎的是厦门的音乐文化氛围，这里有目前国内唯一、世界最大的风琴博物馆、唱片博物馆，中国唯一的钢琴博物馆。

Q7. 您认为音乐节能否提升城市竞争力？为什么？

我认为音乐节可以提高城市竞争力。这取决于音乐节的策略是什么。音乐节可以扩大对外宣传，吸引更多的听众来厦门。音乐节增加演员和观众的互动，提高观众对举办城市的好感，这样自然而然地就会让越来越多的游客光临厦门，厦门在众多城市竞争中就可以脱颖而出。

编号 8

Q1. 厦门作为一个旅游城市，举办过哪些节事？请举例说明。

据我了解，厦门拥有像厦门音乐节、鼓浪屿音乐节等节事。

Q2. 请分享您对厦门音乐节的感受。

厦门音乐节的规模较大，是比较典型的由政府主办，多个机构共同参与的一个音乐交流的活动。

Q3. 您认为厦门音乐节的哪些方面可以吸引观众？

厦门音乐节吸引我的地方在于，厦门音乐节拥有众多的音乐活动，无论是音乐场景的布置，还是音乐表演的效果，都做得很出色。

Q4. 厦门音乐节能够影响城市的哪些方面？

我觉得从宏观上来说，厦门音乐节进一步推动了厦门城市文化和旅游产业融合发展的新模式、新做法；从观众的角度来说，厦门音乐节提升了市民和游客的整体精神素质。

Q5. 请描述您对厦门的印象。

我对厦门的印象非常好。厦门依山傍海，自然风光宜人，城市街道干净整洁。

Q6. 您认为厦门最受欢迎的地方是什么？

厦门城市的营销能力是世界认可的，其表现在厦门无论是在中国国内还是国外都非常的知名。譬如厦门航空优质的服务很好地推广了厦门这座旅游城市。

Q7. 您认为音乐节能否提升城市竞争力？为什么？

音乐节可以提高城市竞争力，城市竞争力可以包括城市的口碑，如该城市的各项服务是否比其他城市更佳。而音乐节的基本形象和演出效果、音乐节举办地的特色、音乐节对外宣传效果等，都有可能影响到城市的口碑和服务，进而提高城市竞争力。

编号 9

Q1. 厦门作为一个旅游城市，举办过哪些节事？请举例说明。

厦门在电影领域举办过中国金鸡百花电影节，在体育赛事方面举办过厦门马拉松，在音乐领域举办过厦门音乐节等。

Q2. 请分享您对厦门音乐节的感受。

厦门音乐节的演出让人赏心悦目，总体来说该音乐节还是较为成功的。

Q3. 您认为厦门音乐节的哪些方面可以吸引观众？

厦门音乐节吸引我的地方在于厦门音乐节的举办环境优美，演出很精彩。厦门音乐节有众多的比赛、表演、大师班可以欣赏。

Q4. 厦门音乐节能够影响城市的哪些方面？

我觉得厦门音乐节直接影响了当地人的就业，有大量的人从事厦门音乐节有关的工作。

Q5. 请描述您对厦门的印象。

厦门的市民很热情，公共交通很漂亮、很人性化。

Q6. 您认为厦门最受欢迎的地方是什么？

厦门最受欢迎的当然是该城市非常宜居的生态。厦门是一座“山、海、城”相融的山水城市，空气也非常好。

Q7. 您认为音乐节能否提升城市竞争力？为什么？

我认为音乐节可以提高城市竞争力。我觉得音乐节的内容和演员的演出效果是提高城市竞争力的关键。厦门拥有得天独厚的城市形象，音乐节的好内容和演出效果可让该城市更具有魅力，从而在城市竞争中脱颖而出。

编号 10

Q1. 厦门作为一个旅游城市，举办过哪些节事？请举例说明。

在我印象中，厦门举办过厦门音乐节、海峡音乐节、海峡音乐论坛等活动。

Q2. 请分享您对厦门音乐节的感受。

我认为，从整体来说厦门音乐节的节目效果很好，内容积极，健康向上。

Q3. 您认为厦门音乐节的哪些方面可以吸引观众？

厦门音乐节吸引我的地方在于厦门音乐节比较盛大、隆重，有来自全国各地乃至世界各地的大师和大学教授云集于此，展现非常专业的音乐活动。

Q4. 厦门音乐节能够影响城市的哪些方面？

厦门音乐节的音乐表演内容有许多当地的音乐文化元素，因此我觉得厦门音乐节是有益于该城市的文化传承和保护，乃至对社会产生重要影响。

Q5. 请描述您对厦门的印象。

厦门不仅是个山海相连的美丽城市，而且是著名的音乐之城，具有相当雄厚的音乐文化基础，拥有顶级的音乐厅和培养音乐人才的专业学校。

Q6. 您认为厦门最受欢迎的地方是什么？

厦门最受欢迎的当然是当地的特色小吃。

Q7. 您认为音乐节能否提升城市竞争力？为什么？

我认为音乐节可以提高城市竞争力。城市竞争力包括城市的各项功能，如城市的自然风光、消费价格等。音乐节的节目效果、音乐节相关活动和产品的服务质量等，都能提升城市的各项功能，从而提高城市竞争力。

编号 11

Q1. 厦门作为一个旅游城市，举办过哪些节事？请举例说明。

厦门举办过像厦门音乐节、鼓浪屿音乐节、厦门凤凰花旅游节这样的知名度高的活动。

Q2. 请分享您对厦门音乐节的感受。

我觉得厦门音乐节是非常典型的展现城市音乐文化的积极的音乐艺术活动。

Q3. 您认为厦门音乐节的哪些方面可以吸引观众？

厦门音乐节吸引我的地方在于厦门音乐节非常多元，厦门音乐节拥有非常丰富和多元的音乐艺术活动，例如音乐会、大师班、点评会、比赛，为海内外的观众带来高水准的音乐文化盛宴。

Q4. 厦门音乐节能够影响城市的哪些方面？

我认为厦门音乐节为整个城市带来了优质的演出，促进了城市的社会效益和经济效益。

Q5. 请描述您对厦门的印象。

厦门给我留下非常好的印象。厦门作为音乐之城，这里有非常好的音乐氛围，同时还有山海相伴。厦门是非常适合生活的一座城市。

Q6. 您认为厦门最受欢迎的地方是什么？

我觉得厦门最出名的是厦门大学。它是中国最美的大学之一。

Q7. 您认为音乐节能否提升城市竞争力？为什么？

音乐节可以提升城市竞争力。我认为拥有良好的营销能力和知名度的城市才能更好地体现出城市的竞争优势。我觉得音乐节的表演效果可以吸引更多的人参访城市，同时，音乐节在筹办期间带动了当地的就业和旅游业，提高了城市的营销能力，提升了城市知名度，进而提高城市竞争力。

编号 12

Q1. 厦门作为一个旅游城市，举办过哪些节事？请举例说明。

厦门举办过像厦门音乐节、鼓浪屿音乐节、海峡旅博会等等节事。

Q2. 请分享您对厦门音乐节的感受。

厦门音乐节的演出深入人心、音乐优美。

Q3. 您认为厦门音乐节的哪些方面可以吸引观众？

厦门音乐节吸引我的地方在于音乐节的举办地环境非常的好，演出很出彩。

Q4. 厦门音乐节能够影响城市的哪些方面？

我觉得厦门音乐节让城市的设施环境得到改善，厦门的绿化变美了，街道变得干净了。

Q5. 请描述您对厦门的印象。

厦门服务行业做得很好，厦门市民很友善，厦门是个让人倍感亲切的一座城市。

Q6. 您认为厦门最受欢迎的地方是什么？

我觉得厦门最出名的是鼓浪屿附近的景点，阳光沙滩，碧海蓝天，同时又充满着文艺的气息。厦门是个让人舒适的城市。

Q7. 您认为音乐节能否提升城市竞争力？为什么？

我认为音乐节可以提高城市竞争力。厦门音乐节主办方非常重视参赛的国际性，邀请了众多的国内外音乐家参加厦门音乐节的演出，提高了厦门城市的国际知名度，进一步提高了城市竞争力。

编号 13

Q1. 厦门作为一个旅游城市，举办过哪些节事？请举例说明。

厦门举办过各式各样的节事，像音乐方面的厦门音乐节、鼓浪屿音乐节、鼓浪屿钢琴节，体育方面的厦门马拉松，推动消费市场复苏的厦门全城欢动消费节等。

Q2. 请分享您对厦门音乐节的感受。

厦门音乐节规模比较大，有众多的观众和专业的音乐团队，音乐节演出地点很漂亮。

Q3. 您认为厦门音乐节的哪些方面可以吸引观众？

厦门音乐节吸引我的地方在于厦门音乐节拥有来自全国乃至世界各地的音乐家，有高水准的表演。

Q4. 厦门音乐节能够影响城市的哪些方面？

我觉得厦门音乐节提升了整个城市的艺术气质，同时通过展现当地的戏曲音乐艺术也保护了当地的艺术文化。

Q5. 请描述您对厦门的印象。

我对厦门的印象很好，厦门让我感觉非常的亲切。厦门气候宜人，街道干净整洁。

Q6. 您认为厦门最受欢迎的地方是什么？

我觉得厦门最受欢迎的是这个城市让人感觉舒适，无论是自然环境还是人文，都让人感觉舒适。当地的服务也很周到。

Q7. 您认为音乐节能否提升城市竞争力？为什么？

我觉得城市竞争力反映的是城市的口碑优势。我认为音乐节可以提高城市竞争力。一方面，音乐节的节目非常的成功，另一方面，音乐节的宣传做的非常出色。无论是在宣传方面还是节目安排上，都有音乐节举办城市的元素。

编号 14

Q1. 厦门作为一个旅游城市，举办过哪些节事？请举例说明。

厦门举办过很多节事，像厦门方特国潮音乐节、厦门草莓音乐节、厦门音乐节等。

Q2. 请分享您对厦门音乐节的感受。

我觉得厦门音乐节的节目非常丰富而且很有特色。

Q3. 您认为厦门音乐节的哪些方面可以吸引观众？

厦门音乐节吸引我的地方在于厦门音乐节的演出效果非常棒，它的演出地点不限于一个地方，有很多地方都作为厦门音乐节的表演场所，如专业的音乐节场所、景区等。

Q4. 厦门音乐节能够影响城市的哪些方面？

我觉得厦门音乐节对城市产生经济影响，提高了附近居民的收入。厦门音乐节带动了周边景区的旅游热度，比如音乐休闲吧、餐饮都受到了影响，这是非常好的联动效应。我相信这将成长为一定的规模。

Q5. 请描述您对厦门的印象。

厦门是非常有魅力的海滨城市，让人感觉非常舒适。

Q6. 您认为厦门最受欢迎的地方是什么？

我觉得厦门最出名的是厦门的历史人文和开放的品格，这里欢迎五湖四海的朋友。

Q7. 您认为音乐节能否提升城市竞争力？为什么？

我觉得城市竞争力包括城市的魅力，比如这座城市是不是我首选的参访地，这座城市是否值得让我推荐给其他人。因此音乐节是可以提高城市竞争力的。首先，音乐节的音乐要优美动听能够和观众引起共鸣。其次，音乐节要有当地的特色，比如当地的艺术纪念品和特色小吃。最后，音乐节的影响效果要大，比如能提升市民的整体素质。

编号 15

Q1. 厦门作为一个旅游城市，举办过哪些节事？请举例说明。

据我所知，厦门拥有众多的节事，比如中国金鸡百花电影节、IMF 电音节、厦门音乐节等。

Q2. 请分享您对厦门音乐节的感受。

我对厦门音乐节的印象很好。厦门音乐节内容积极向上，是一个高规格、高水平的音乐活动。

Q3. 您认为厦门音乐节的哪些方面可以吸引观众？

厦门音乐节吸引我的地方在于厦门音乐节拥有非常丰富和多样的表演形式，观众可以全方位、多视角地领略音乐艺术的魅力。

Q4. 厦门音乐节能够影响城市的哪些方面？

我觉得厦门音乐节的举办对厦门产生了经济影响，以音乐文化为引擎，促进了厦门旅游产业的升级。

Q5. 请描述您对厦门的印象。

我对厦门的印象非常的好。这是一座四季如春的城市，尤其是鼓浪屿、中山路、南普陀寺、厦大白城、胡里山炮台、曾厝垵、厦门园林植物园等著名景点，哪哪都是人头攒动的景象。

Q6. 您认为厦门最受欢迎的地方是什么？

我觉得厦门最受欢迎的是厦门的特色小吃。厦门的鱼皮花生、花生酥味道非常好。

Q7. 您认为音乐节能否提升城市竞争力？为什么？

音乐节可以提高城市竞争力。音乐节必须在节目中展现出举办城市的特色。一方面音乐节应该要立足于提升城市音乐节艺术形象，营造健康高雅的音乐氛围，展现城市多元音乐文化的艺术形象。另一方面，音乐节应该要面向大众，深化音乐文化普及和推广。

编号 16

Q1. 厦门作为一个旅游城市，举办过哪些节事？请举例说明。

厦门是个非常文艺的城市，举办过像厦门音乐节、鼓浪屿音乐节、草莓音乐节等大型的文体活动。

Q2. 请分享您对厦门音乐节的感受。

厦门音乐节非常的高雅、出众，同时面向广大市民。

Q3. 您认为厦门音乐节的哪些方面可以吸引观众？

厦门音乐节吸引我的地方在于厦门音乐节拥有很多新颖的表演形式，比如动画主题的交响音乐会。

Q4. 厦门音乐节能够影响城市的哪些方面？

我觉得厦门音乐节给这座城市带来了非常好的音乐教育的机会。比如邀请国内知名音乐专业院校钢琴系教授面向厦门市中小学生及家长朋友开设音乐教育发展论坛，为辖区中小学生和家长们带来权威的音乐教育指导。

Q5. 请描述您对厦门的印象。

我觉得厦门是非常美丽的海滨城市，气候宜人，是中国的音乐之岛，举世闻名。

Q6. 您认为厦门最受欢迎的地方是什么？

我认为厦门最受欢迎的是城市风景和美好的自然环境。厦门空气清新，蓝天碧海。

Q7. 您认为音乐节能否提升城市竞争力？为什么？

我认为音乐节可以提高城市竞争力。我认为音乐节可以通过音乐表演、音乐教育等方式来提升市民和游客的文化欣赏水平，通过营造健康高雅的音乐氛围提升整座城市的文化品质进而提升整座城市内在的竞争力感知。

编号 17

Q1. 厦门作为一个旅游城市，举办过哪些节事？请举例说明。

据我了解，厦门举办过像厦门音乐节、草莓音乐节等活动。

Q2. 请分享您对厦门音乐节的感受。

厦门音乐节是非常具有综合性的音乐活动。厦门音乐节包括了大型专场演出、大师班、室内精品音乐会、高峰论坛等。

Q3. 您认为厦门音乐节的哪些方面可以吸引观众？

厦门音乐节吸引我的地方在于厦门音乐节非常的专业和国际化。厦门音乐节邀请百余名知名音乐艺术家，深度参与音乐节，用全球化视野组建世界级别的音乐内容。

Q4. 厦门音乐节能够影响城市的哪些方面？

我认为厦门音乐节扩大了厦门城市的知名度。厦门音乐节的举办让各种音乐类型在厦门发生新的艺术碰撞，发酵出新的艺术之声。

Q5. 请描述您对厦门的印象。

厦门的交通非常便利，道路规划非常大气、漂亮。环岛路沿线，作为最美海岸线，风景绝美，沙滩、海浪、海风都让惹人爱。

Q6. 您认为厦门最受欢迎的地方是什么？

我认为厦门最受欢迎的是鼓浪屿，这是厦门最有名的小岛，岛上风景是真不错，还有各种底蕴深厚的老别墅、老洋房，很适合慢慢逛。

Q7. 您认为音乐节能否提升城市竞争力？为什么？

我认为音乐节可以提高城市竞争力。音乐节的艺术传播力和艺术吸引力吸引来自全球各界的音乐人聚集，把城市的音乐文化精髓送到全球的聚光灯下，吸引来自世界各地的观众，这便进一步提升了城市竞争力。

编号 18

Q1. 厦门作为一个旅游城市，举办过哪些节事？请举例说明。

厦门举办过像厦门音乐节、厦门凤凰花旅游节、厦门国际动漫节等节事。

Q2. 请分享您对厦门音乐节的感受？

厦门音乐节的音乐表演形式多元，音乐内容音乐感染力很强，演出结束之后让人回味无穷。

Q3. 您认为厦门音乐节的哪些方面可以吸引观众？

厦门音乐节吸引我的地方在于厦门音乐节立足于厦门本土文化和文化交流，在展现厦门文化的同时，邀请台湾的音乐人进行表演和讲座，打造了海峡两岸闽南语音乐交流平台。

Q4. 厦门音乐节能够影响城市的哪些方面？

厦门音乐节很明显深化了台湾海峡城市文化之间的交流。厦门音乐节通过积极推动闽南语音乐交流，促进海峡两岸之间城市的文化共通共融，深化两岸城市交流合作，增进海峡两岸青年群体的认同感。

Q5. 请描述您对厦门的印象。

厦门是一座著名的旅游城市，在这里，我们不仅能够欣赏到迷人的海岛风光，还可以感受现代城市的无穷魅力，同时也能领略独具特色的当地传统民俗风情。

Q6. 您认为厦门最受欢迎的地方是什么？

厦门最受欢迎的是这里的风景。这里全年气候宜人、风景秀丽、环境整洁，是旅游度假的绝佳之地。

Q7. 您认为音乐节能否提升城市竞争力？为什么？

我认为音乐节可以提高城市竞争力。我认为音乐可以在其独有的文化方式潜移默化地提高市民的文化欣赏水平，提高整个城市的艺术品位，提升城市竞争力感知。

编号 19

Q1. 厦门作为一个旅游城市，举办过哪些节事？请举例说明。

据我所知，厦门举办过各式各样各领域的节事，比如厦门音乐节、福建厦门群众文化艺术节、中国金鸡百花电影节。

Q2. 请分享您对厦门音乐节的感受。

厦门音乐节的演出效果很好很专业。

Q3. 您认为厦门音乐节的哪些方面可以吸引观众?

厦门音乐节吸引我的地方在于厦门音乐节拥有非常顶级的音乐厅和音乐设施，有专业的演出团队和来自世界各地的音乐家。

Q4. 厦门音乐节能够影响城市的哪些方面?

我觉得厦门音乐节很好地整合和优化了城市中不同行业，融合了城市丰富的自然资源，优化了城市的消费结构等，使得音乐节不仅仅好看，更是在视觉上让人觉得城市变得更美了。

Q5. 请描述您对厦门的印象。

在我的印象中，厦门是颗中国东南沿海的璀璨明珠。厦门具有侨乡风情、异国情调、闽南文化、温馨现代等特色，历史文化传统和现代城市气息兼备，显出多元文化交融的独特气质。

Q6. 您认为厦门最受欢迎的地方是什么?

我觉得厦门最受欢迎的是这个城市的市民，因为厦门是一个充满爱心的文明城市，市民友好，让远道而来的游客倍感亲切。

Q7. 您认为音乐节能否提升城市竞争力?为什么?

我认为城市竞争力的要素包括城市的营销能力、城市的经济实力、城市的自然环境和城市的历史底蕴。毫无疑问，音乐节可以提高上述城市的能力。音乐节传播力和音乐节的吸引力可以迅速给城市带来大量的音乐爱好者。音乐节绝佳的演出效果和影响力则带动更多的人光临城市，从而提升城市竞争力。

编号 20

Q1. 厦门作为一个旅游城市，举办过哪些节事?请举例说明。

厦门举办过很多知名度高的节事，如厦门音乐节、厦门凤凰花旅游节等。

Q2. 请分享您对厦门音乐节的感受。

厦门音乐节拥有丰富多样的音乐文化内容与音乐艺术形式。

Q3. 您认为厦门音乐节的哪些方面可以吸引观众?

厦门音乐节吸引我的地方在于厦门音乐节既可以观赏音乐演出又可以欣赏来自国内外音乐家的大师课，给观众和学生提供了和大师面对面学习和交流的机会。

Q4. 厦门音乐节能够影响城市的哪些方面?

我觉得厦门音乐节间接地提升了厦门的城市影响力。通过音乐节的举办，让来厦门的音乐爱好者们可以全方位、多视角地领略音乐艺术的魅力。这让厦门站在新的历史起点上，成为国际文明交流、文化交融的重要枢纽。

Q5. 请描述您对厦门的印象。

在我的印象中，厦门是美丽的滨海城市，有着“东方夏威夷”之称，碧海蓝天环抱着青山绿水，抬头仰望是满眼的蓝，环顾四周是怡人的绿，深吸一口气是那么沁人心脾。

Q6. 您认为厦门最受欢迎的地方是什么？

我觉得厦门最受欢迎的是厦门的生态。厦门的生态之美带给人们最直观的感受，空气清新，生活舒适，人与自然、传统与现代和谐交融。

Q7. 您认为音乐节能否提升城市竞争力？为什么？

我认为音乐节可以提高城市竞争力，音乐节的内容对提高城市竞争力至关重要。音乐节的内容要让人舒适、心情放松、积极向上，这样才会形成口碑效应，进而提高城市的竞争力感知。

预调研问卷

第一部分：介绍

亲爱的朋友们：

我目前正在以厦门音乐节为例研究音乐节对城市竞争力感知的影响。这项研究将帮助音乐节和城市更好地服务于音乐节参与者。我们非常需要您的参与和帮助！

填写问卷大约需要15分钟。本调研中的任何问题都没有正确或错误的答案。本问卷是匿名进行的，所有回复将完全保密，所获得的资料只供学术研究使用，不作任何其他用途。您的回复对我完成这项研究非常重要，感谢您的参与、合作和支持！

游斑钧

第二部分：人口统计特征

填写说明：以下为人口资料，请根据您的实际情况填写，在括号内打“√”，谢谢！

DP1	您的性别	男（ ）女（ ）
DP2	您的年龄	18岁以下（ ） 18—24岁（ ） 25—34岁（ ） 35—44岁（ ） 45—54岁（ ） 55岁以上（ ）

DP3	您的文化程度	高中、中专及以下（ ） 大专（ ） 大学本科（ ） 硕士及以上（ ）
DP4	您的职业	政府/事业单位（ ） 企业职工（ ） 个体工商户（ ） 工人（ ） 农民（ ） 学生（ ） 军人（ ） 其他（ ）
DP5	您的月收入状况	无收入（ ） 2000 元以下（ ） 2001—3000 元（ ） 3001—4000 元（ ） 4001—5000 元（ ） 5001 元以上（ ）
DP6	您的居住地	（ ）厦门本地 （ ）本省外地 （ ）省外 （ ）国外

第三部分：音乐节

填写说明：以下内容是关于您对音乐节的评价。请阅读以下语句，并根据您的实际感受在表格中的数字上打“√”，谢谢！问卷中的数字 1—7 表示你对该观点的同意程度：1 =强烈不同意，2 =不同意，3 =轻微不同意，4 =中立，5 =轻微同意，6 =同意，7 =强烈同意。

问项		观点程度
Q1	看了音乐节让人心情放松	1 2 3 4 5 6 7
Q2	音乐节的音乐优美/赏心悦目	1 2 3 4 5 6 7
Q3	音乐节内容是健康向上的	1 2 3 4 5 6 7
Q4	举办音乐节鼓舞人心	1 2 3 4 5 6 7
Q5	音乐节的滨海环境优美，历史建筑令人流连忘返	1 2 3 4 5 6 7
Q6	音乐节具有国际先进水准的演出场所和专业的表演团队	1 2 3 4 5 6 7
Q7	音乐节有当地美味的特色小吃和精美的艺术纪念品	1 2 3 4 5 6 7
Q8	音乐节的演出效果非常精彩	1 2 3 4 5 6 7
Q9	参加音乐节费用不贵	1 2 3 4 5 6 7
Q10	音乐节的宣传让人印象深刻	1 2 3 4 5 6 7
Q11	周围或者社交网络有人提过音乐节	1 2 3 4 5 6 7
Q12	音乐节的宣传让我很想去观看	1 2 3 4 5 6 7
Q13	音乐节有助于提高当地居民收入与生活质量	1 2 3 4 5 6 7
Q14	举办音乐节可以提高个人素质及精神	1 2 3 4 5 6 7
Q15	举办音乐节有益于艺术文化传承和保护	1 2 3 4 5 6 7

第四部分：城市形象

填写说明：以下内容是关于您对城市形象的评价。请阅读以下语句，并根据您的实际感受在表格中的数字上打“√”，谢谢！问卷中的数字1—7表示你对该观点的同意程度：1 =强烈不同意，2 =不同意，3 =轻微不同意，4 =中立，5 =轻微同意，6 =同意，7 =强烈同意。

问项		观点程度
Q16	厦门的住宿方便，酒店服务周到	1　2　3　4　5　6　7
Q17	厦门的城市街道特别干净整洁	1　2　3　4　5　6　7
Q18	厦门是充满激情的城市	1　2　3　4　5　6　7
Q19	厦门是积极向上的城市	1　2　3　4　5　6　7
Q20	厦门是让人感到亲切的城市	1　2　3　4　5　6　7

第五部分：城市竞争力感知

填写说明：以下内容是关于您对城市竞争力感知的评价。请阅读以下语句，并根据您的实际感受在表格中的数字上打“√”，谢谢！问卷中的数字1—7表示你对该观点的同意程度：1 =强烈不同意，2 =不同意，3 =轻微不同意，4 =中立，5 =轻微同意，6 =同意，7 =强烈同意。

问项		观点程度
Q21	与其他城市相比厦门市的城市营销能力更好	1 2 3 4 5 6 7
Q22	与其他城市相比厦门市的城市功能更加完善	1 2 3 4 5 6 7
Q23	与其他城市相比厦门市的自然生态环境更加优美	1 2 3 4 5 6 7
Q24	与其他城市相比厦门市更加有历史底蕴和开放胸怀	1 2 3 4 5 6 7
Q25	与其他城市相比厦门市的口碑更好	1 2 3 4 5 6 7
Q26	与其他城市相比我对厦门市文化娱乐服务更满意	1 2 3 4 5 6 7
Q27	与其他城市相比我对厦门市提供游客优惠服务更满意	1 2 3 4 5 6 7
Q28	与其他城市相比厦门市是我首选的旅游城市	1 2 3 4 5 6 7
Q29	与其他城市相比我会经常来厦门市	1 2 3 4 5 6 7
Q30	与其他城市相比我会当面与亲友分享厦门市的旅游经历和感受	1 2 3 4 5 6 7
Q31	与其他城市相比我会运用网络媒体与他人分享在厦门旅游的经历	1 2 3 4 5 6 7
Q32	与其他城市相比我更热爱厦门市	1 2 3 4 5 6 7

调查到此结束，感谢您的支持！祝您工作、生活、学习一切顺利！

正式调研问卷

第一部分：介绍

亲爱的朋友们：

我目前正在以厦门音乐节为例研究音乐节对城市竞争力感知的影响。这项研究将帮助音乐节和城市更好地服务于音乐节参与者。我们非常需要您的参与和帮助！

填写问卷大约需要 15 分钟。本调研中的任何问题都没有正确或错误的答案。本问卷是匿名进行的，所有回复将完全保密，调研所获得的资料只供学术研究使用，不作任何其他用途。您的回复对我完成这项研究非常重要。感谢您的参与、合作和支持！

游珽钧

1. 您是否参加过厦门市音乐节？

A. 是的（请继续回答下一个问题）

B. 没有（谢谢您的合作，调研到此结束）

2. 您是否了解厦门市音乐节？

A. 是的（请继续回答第二部分）

B. 没有（谢谢您的合作，调研到此结束）

第二部分：人口统计特征

填写说明：以下为人口资料，请根据您的实际情况填写以下问题，在括号内打“√”，谢谢！

DP1	您的性别	男（　）女（　）
DP2	您的年龄	18岁以下（　） 18—24岁（　） 25—34岁（　） 35—44岁（　） 45—54岁（　） 55岁以上（　）
DP3	您的文化程度	高中、中专及以下（　） 大专（　） 大学本科（　） 硕士及以上（　）
DP4	您的职业	政府/事业单位（　） 企业职工（　） 个体工商户（　） 工人（　） 农民（　） 学生（　） 军人（　） 其他（　）
DP5	您的月收入状况	无收入（　） 2000元以下（　） 2001—3000元（　） 3001—4000元（　） 4001—5000元（　） 5001元以上（　）
DP6	您的居住地	（　）厦门本地 （　）本省外地 （　）省外 （　）国外

第三部分：音乐节

填写说明：以下内容是关于您对音乐节的评价。请阅读以下语句，并根据您的实际感受在表格中的数字上打“√”，谢谢！问卷中的数字1—7表示你对该观点的同意程度：1 =强烈不同意，2 =不同意，3 =轻微不同意，4 =中立，5 =轻微同意，6 =同意，7 =强烈同意。

问项		观点程度
MFIM1	看了音乐节让人心情放松	1　2　3　4　5　6　7
MFIM2	音乐节的音乐优美，赏心悦目	1　2　3　4　5　6　7
MFIM3	音乐节内容是健康向上的	1　2　3　4　5　6　7
MFA1	音乐节的滨海环境优美/历史建筑令人流连忘返	1　2　3　4　5　6　7
MFA2	音乐节具有国际先进水准的演出场所和专业的表演团队	1　2　3　4　5　6　7
MFA3	音乐节有当地美味的特色小吃和精美的艺术纪念品	1　2　3　4　5　6　7
MFA4	参加音乐节费用不贵	1　2　3　4　5　6　7
MFC1	音乐节的宣传让人印象深刻	1　2　3　4　5　6　7
MFC2	周围或者社交网络有人提过音乐节	1　2　3　4　5　6　7
MFC3	音乐节的宣传让我很想去观看	1　2　3　4　5　6　7
MFIN1	音乐节有助于提高当地居民收入与生活质量	1　2　3　4　5　6　7
MFIN2	举办音乐节可以提高个人素质及精神	1　2　3　4　5　6　7
MFIN3	举办音乐节有益于艺术文化传承和保护	1　2　3　4　5　6　7

第四部分：城市形象

填写说明：以下内容是关于您对城市形象的评价。请阅读以下语句，并根据您的实际感受在表格中的数字上打“√”，谢谢！问卷中的数字1—7表示你对该观点的同意程度：1 =强烈不同意，2 =不同意，3 =轻微不同意，4 =中立，5 =轻微同意，6 =同意，7 =强烈同意。

问项		观点程度
CI1	厦门的住宿方便，酒店服务周到	1 2 3 4 5 6 7
CI2	厦门的城市街道特别干净整洁	1 2 3 4 5 6 7
CI3	厦门是充满激情的城市	1 2 3 4 5 6 7
CI4	厦门是积极向上的城市	1 2 3 4 5 6 7
CI5	厦门是让人感到亲切的城市	1 2 3 4 5 6 7

第五部分：城市竞争力感知

填写说明：以下内容是关于您对城市竞争力感知的评价。请阅读以下语句，并根据您的实际感受在表格中的数字上打“√”，谢谢！问卷中的数字 1—7 表示你对该观点的同意程度：1 =强烈不同意，2 =不同意，3 =轻微不同意，4 =中立，5 =轻微同意，6 =同意，7 =强烈同意。

问项		观点程度
CA1	与其他城市相比厦门市的城市营销能力更好	1 2 3 4 5 6 7
CA2	与其他城市相比厦门市的城市功能更加完善	1 2 3 4 5 6 7
CA3	与其他城市相比厦门市的自然生态环境更加优美	1 2 3 4 5 6 7
CA4	与其他城市相比厦门市更加有历史底蕴和开放胸怀	1 2 3 4 5 6 7
CREP1	与其他城市相比厦门市的口碑更好	1 2 3 4 5 6 7
CREP2	与其他城市相比我对厦门市文化娱乐服务更满意	1 2 3 4 5 6 7
CREP3	与其他城市相比我对厦门市提供游客优惠服务更满意	1 2 3 4 5 6 7
CREC1	与其他城市相比厦门市是我首选的旅游城市	1 2 3 4 5 6 7
CREC2	与其他城市相比我会经常来厦门市	1 2 3 4 5 6 7
CREC3	与其他城市相比我会当面与亲友分享厦门市的旅游经历和感受	1 2 3 4 5 6 7
CREC4	与其他城市相比我会运用网络媒体与他人分享在厦门旅游的经历	1 2 3 4 5 6 7

调查到此结束，感谢您的支持！祝您工作、生活、学习一切顺利！

参考文献

中文

[1] 布乃鹏，肖洪根，孔海燕．旅游目的地形象和竞争力提升研究——以云南丽江泸沽湖为例．旅游论坛，2018（03），102-112.

[2] 杨阳．潍坊国际风筝会对城市品牌打造的探索 [D]. 山东师范大学，2013.

[3] 柴海燕．旅游目的地网络口碑传播研究 [D]. 武汉大学，2012.

[4] 陈长华．中国大陆户外音乐节发展现状研究 [D]. 山东大学，2013.

[5] 陈劼绮，陆林，张宏梅等．危机情境下旅游宣传片营销对旅游者行为的影响机制——目的地形象的中介与感知安全的调节 [J]. 地域研究与开发，2020，39（05）：110-115，132.

[6] 陈婷．TDSR 对旅游者消费行为的影响机理与实现机制研究 [J]. 商业经济研究，2015（22）：116-117.

[7] 陈瑜．大型体育赛事对旅游目的地形象影响研究 [D]. 广州大学，2013.

[8] 陈阳．旅游目的地形象对口碑的影响研究 [D]. 桂林理工大学，2020.

[9] 陈云松，吴青熹，张翼．近三百年中国城市的国际知名度基于大数据的描述与回归 [J]. 社会，2015，35（05）：60-77.

[10] 程单剑．主流意识形态传播力评估模式的建构及分析 [J]. 学理论，2014（26）：54-55.

[11] 程鸽．基于游客感知的西湖旅游形象提升策略研究 [D]. 山东大学，2022.

[12] 成功伟，邢盼盼．中国户外音乐节的运作模式及其对城市形象的影响 [J]. 四川文理学院学报，2016，26（05）：69-73.

[13] 程金龙．城市旅游形象感知研究 [D]. 河南大学，2011.

[14] 程晓珂．基于顾客视角的城市品牌竞争力影响因素研究 [D]. 湖北大学，2018.

[15] 戴光全，保继刚．西方事件及事件旅游研究的概念、内容、方法与启发（下）[J]. 旅游学刊，2003（06）：111-119.

[16] 戴光全，马聪玲．节事活动策划与组织管理[M]. 节事活动策划与组织管理，2007.

[17] 单单．节事活动的整合营销研究——以上海爵士音乐节为例 [J]. 生产力研究，2012（11）：215-216.

[18] 邓皓静．中国节事活动品牌传播研究 [D]. 湖南大学，2017.

[19] 邓明艳．峨眉山旅游形象定位的探讨 [J]. 西南民族大学学报（人文社科版），2004（04）：177-179.

[20] 董润芸．企业社会责任与品牌竞争力关系的实证研究 [D]. 辽宁大学，2014.

[21] 方芳．基于游客感知的旅游地形象与行为意向关系研究 [D]. 浙江大学，2009.

[22] 方杰，温忠麟，张敏强等．基于结构方程模型的多重中介效应分析 [J]. 心理科学．

[23] 冯拓菲，隋欣．浅析城市音乐节对城市文化的影响——以“哈尔滨之夏”音乐会为例 [J]. 艺术研究，2014（04）：47-49.

[24] 风笑天．社会研究方法[M]. 北京：中国人民大学出版社，2022.

[25] 高颜超．游客体验价值视角下目的地竞争力感知影响机制研究 [D]. 广东财经大学，2018.

[26] 谷园园．节事营销战略对城市品牌塑造的影响研究 [D]. 天津理工大学，2019.

[27] 郭明燕．山东旅游区域品牌竞争力评价研究 [D]. 山东财经大学，2019.

[28] 郭可，陈悦，杜妍．全球城市形象传播的生成机制及理论阐释——以上海城市形象为例 [J]. 新闻大学，2018（06）：1-8，146.

[29] 韩静．美食旅游地声誉研究 [D]. 云南师范大学．

[30] 温忠麟，张雷，侯杰泰等．中介效应检验程序及其应用 [J]. 心理学报，2004（05）：614-620.

[31] 侯玉芹．事件营销推广“文创台北”城市形象研究 [D]. 复旦大学，2015.

[32] 胡书芹．大型体育赛事对城市品牌知名度的影响机制研究 [D]. 杭州师范大学，2014.

[33] 花建锋，刘媛媛，郑春东．品牌强度对消费者评价品牌延伸的影响——基于知名度、美誉度、信任度的研究 [J]. 中南林业科技大学学报（社会科学版），2014，8（03）：63-67.

[34] 黄剑锋，金红燕，陆林等．旅游本真性对旅游者地方依恋的影响研究——目的地形象和风险感知的作用 [J]. 旅游学刊，2020，35（12）：38-51.

[35] 黄锦烨．目的地意象对旅游商品推荐意愿的影响研究 [D]. 东北财经大学，2018.

[36] 黄颖．旅游城市品牌竞争力研究 [D]. 重庆师范大学，2019.

[37] 纪丽萍．形象导向型旅游规划模式的研究 [D]. 北京林业大学，2007.

[38] 贾文山，石俊．中国城市文化竞争力评价体系的构建——兼论西安文化价值的开发 [J]. 西安交通大学学报（社会科学版）。

[39] 贾衍菊，林德荣．旅游者服务感知、地方依恋与忠诚度——以厦门为例 [J]. 地理研究，2016，35（02）：390-400.

[40] 江林，张博，陈贞汝．感知风险对口碑推荐意愿的影响 [J]. 商业研究，2013（02）：74-80.

[41] 王朝辉，何欢，夏巧云等．重大事件对举办地旅游形象的影响——2010上海世博会为例 [J]. 地理研究，2013，32（06）：1155-1164.

[42] 金鑫，李毅．世博会影响下上海城市形象的塑造和提升 [J]. 西南大学学报（社会科学版），2011，37（S1）：149-150.

[43] 巨凡哲．旅游涉入、目的地形象与游客行为意向关系研究 [D]. 西安科技大学，2021.

[44] 李东，代传煊，黄丹等．链式多重中介模型：旅游参与、目的地形象感知与行为意向——以新疆入境游客为例 [J]. 昆明理工大学学报（社会科学版），2021，21（04）：77-85.

[45] 李月调，黄倩，张江驰．负面舆论对游客忠诚度的曲线影响——安全感知和旅游形象感知的中介作用 [J]. 旅游学刊，2019，34（05）：105-116.

[46] 李芳．景区旅游供应链管理对游客推荐意愿和支付意愿的影响研究 [D]. 湖北大学，2014.

[47] 李慧，谷园园．节事营销对城市游客来访意愿的作用分析 [J]. 特区经济，2016（09）：121-122.

［48］李慧．大型体育赛事与城市品牌形象塑造［M］．天津：南开大学出版社，2014.

［49］李海鹏．企业品牌竞争力测评研究［D］．辽宁大学，2013.

［50］李慧，王春峰，李博．城市居民对不同类型体育节事推荐意愿的比较研究——基于事后视角［J］．经营与管理，2018（07）：143-149.

［51］李嘉钰，严艳，胡丽丽．短视频社交视角：目的地形象与游客行为意向——以西安市为例［J］．宁夏大学学报（自然科学版），2019，40（02）：176-184，190.

［52］李梦坤．“西安年·最中国”品牌节事营销传播研究［D］．河北大学，2019.

［53］Celine Li（李润）．旅游目的地形象对法国青年游客旅华推荐意愿的影响研究［D］．浙江大学，2014.

［54］李蔚．MV音乐视频的情感内容识别研究［D］．上海大学，2013.

［55］林佳斌．艺术节的城市特色定位与传播途径［D］．中央美术学院，2016.

［56］廖红宇．从音乐文化对城市软实力的作用看当代福州城市音乐文化建设［J］．音乐艺术（上海音乐学院学报），2019（03）：5，95-103.

［57］刘丹，陈志钢．户外音乐节对旅游地形象的影响探究——基于游客涉入度和满意度［J］．资源开发与市场，2017，33（02）：228-232.

［58］刘宏宇．企业社会责任沟通对品牌资产影响机理研究［D］．辽宁大学，2019.

［59］刘卫梅，林德荣．基于信任的旅游目的地口碑推荐机制研究［J］．旅游学刊，2018，33（10）：63-74.

［60］柳建坤，吴愈晓，刘伟峰．中国城市国内知名度的变迁和机制——基于海量书籍和互联网搜索引擎的大数据分析［J］．学术论坛，2016，39（06）：113-121.

［61］刘建新，范秀成．心之所有，言予他人？心理所有权对消费者口碑推荐的影响研究［J］．南开管理评论，2020，23（01）：144-157.

［62］刘力．旅游目的地形象感知与游客旅游意向——基于影视旅游视角的综合研究［J］．旅游学刊，2013，28（09）：61-72.

［63］刘珊珊．事件形象、目的地形象和参展商行为意向的研究［D］．上海师范大学，2021.

［64］刘少和，李秀斌．大型节事的文化展示与文化传播［J］．旅游学刊，2009，24（03）：6-7.

[65] 刘卫东．城市形象工程之我见[J]. 城市规划，2003（04）：23.

[66] 刘新鑫．重大事件传播对城市形象的塑造[J]. 现代传播（中国传媒大学学报），2011（08）：155-156.

[67] 刘茜茜．大型活动对旅游目的地形象的塑造作用[D]. 华东师范大学，2013.

[68] 刘晓．中国城市艺术节研究反思与展望[J]. 民俗研究，2019（02）：50-56.

[69] 林小森．游客满意度对顾客忠诚度的影响[D]. 复旦大学，2011.

[70] 卢长宝，石占伟．音乐元素与城市营销——基于维也纳与厦门的比较研究[J]. 城市问题，2010（04）：68-73.

[71] 卢良栋．汽车召回事件对消费者行为意愿的影响分析[D]. 中国科学技术大学，2016.

[72] 卢政营，张威，唐静．乡村节事旅游活动品牌形象的实证研究——以罗平油菜花节为例[J]. 旅游学刊，2009，24（05）：61-66.

[73] 米雪，程静静．基于扎根理论的古村落景区节事旅游吸引力研究——以皖南西递音乐节为例[J]. 旅游纵览（下半月），2019（16）：32-33.

[74] 莫智勇．中国城市形象传播力研究[D]. 武汉大学，2018.

[75] 倪鹏飞．中国城市竞争力与基础设施关系的实证研究[J]. 中国工业经济，2002（05）：62-69.

[76] 聂艳梅．中国城市形象影响力评估指标体系及其提升策略研究[D]. 上海师范大学，2015.

[77] 潘婷婷，汪德根．节事活动对苏州“东方水城”形象推广效应的分析——以“金鸡百花奖”落户苏州为例[J]. 资源开发与市场，2009，25（08）：760-763.

[78] 朴美善．国外音乐节形象视觉识别设计表现特征研究[J]. 四川戏剧，2019（06）：63-66，73.

[79] 蒲雪芹．城市旅游竞争力评价研究[D]. 天津大学，2009.

[80] 阮伟．体育赛事与城市发展关系研究[D]. 北京体育大学，2012.

[81] 阮文佳．基于游客体验的节事形象对游客满意度、忠诚度影响研究[D]. 河南大学，2016.

[82] 沈欢燕．旅游节庆游客满意度、推荐度、回游度的关系研究[D]. 山东大学，2010.

[83] 史春云，张捷，沈正平等．旅游目的地竞争力定量评价综述[J]. 人文地理，2006（03）：72-77.

[84] 史菲．举办大型体育赛事对提升上海城市形象的策略研究[D]. 上海体育学院，2014.

[85] 司马丹．杭州市形象构成因子及其与游客满意度、推荐度、回游度之间关系的研究[D]. 浙江大学，2007.

[86] 宋景．建构主义视角下鼓浪屿音乐旅游开发研究[D]. 华侨大学，2018.

[87] 宋昕．国内户外音乐节传播策略研究[D]. 山东师范大学，2017.

[88] 苏蓉．中国音乐节商业模式研究[D]. 湖南大学，2017.

[89] 孙欢．音乐节事氛围、环境、游客自我及其相互作用[D]. 华南理工大学，2021.

[90] 孙振杰，冷莉娜．缺陷产品召回策略与消费者对品牌态度的变化研究——基于品牌信任、品牌忠诚和品牌推荐意愿的维度[J]. 财经问题研究，2019(06)：114-121.

[91] 谭健萍．传统物产型节事形象的测量探究[D]. 华南理工大学，2014.

[92] 田逢军，吴珊珊，胡海胜等．江西省城市旅游形象的网络化呈现 [J]. 经济地理，2019.

[93] 涂红伟，林宝民．导游幽默对游客行为意愿的作用路径——基于情感事件理论[J]. 旅游学刊，2021，36（01）：99-111.

[94] 王朝辉，陆林，夏巧云．国内外重大事件旅游影响研究进展与启示[J]. 自然资源学报，2012，27（06）：1053-1067.

[95] 王芳，薛涛，王婷等．抗疫音乐视频中的地方意象对潜在旅游者地方依恋与行为意愿的影响[J]. 西南大学学报（自然科学版），2020，42（09）：14-25.

[96] 王小花．旅游公共服务质量对游客行为意向影响研究[D]. 华侨大学，2021.

[97] 王洋．成都“创佳”活动对于城市知名度的影响研究[D]. 西南交通大学，2009.

[98] 王雁．旅游城市品牌竞争力比较研究[D]. 云南财经大学，2011.

[99] 王瑞．民办高中品牌美誉度提升策略研究[D]. 天津大学，2019.

[100] 王亚楠．网络整合营销传播在节事活动中的应用研究[D]. 东北财经大学，2014.

[101] 魏凡松．网络口碑对目的地形象和游客行为意向的影响研究[D]. 湖南师范大学，2021.

[102] 吴艾凌，吕兴洋，谭慧敏．灾后自媒体负面报道偏差对潜在旅游者到访意愿的影响——以九寨沟“8·8”地震为例[J]. 旅游学刊，2019，34（04）：40-50.

[103] 吴明隆．结构方程模型——AMOS 的操作与应用[M]. 重庆：重庆大学出版社，2009.

[104] 吴文智，唐培，何建民．旅游公共服务质量对游客目的地忠诚的影响机制——来自城市目的地上海的经验证据[J]. 华东经济管理，2021，35（04）：118-128.

[105] 厦门市统计局．厦门国民经济和社会“十三五”发展成就与“十四五”展望．http：//tjj. xm. gov. cn/tjzl/tjfx/202104/t20210409_2532149. htm.

[106] 厦门市人民政府．厦门市人民政府关于加快旅游业高质量发展的意见．http：//zfgb. xm. gov. cn/gazette/16266195.

[107] 夏巧云．重大事件对旅游目的地形象影响研究[D]. 安徽师范大学，2014.

[108] 肖锋，沈建华，刘静．举办大型体育赛事对城市旅游的影响[J]. 沈阳体育学院学报，2004（06）：769-771.

[109] 谢罡．城市马拉松赛道景观质量、城市形象与参赛者重游意愿关系研究[D]. 上海体育学院．

[110] 解嘉欣．旅游海报中景区名称呈现形式对城市旅游目的地出游意向的影响研究[D]. 山东大学．

[111] 谢祥项．节事对旅游城市品牌的影响研究[D]. 暨南大学，2016.

[112] 徐颖．艺术节事的影响研究[D]. 华东师范大学，2006.

[113] 徐智丽．论节事活动的网络营销传播[D]. 上海师范大学，2010.

[114] 杨乐平，张京祥．重大事件项目对城市发展的影响[J]. 城市问题，2008（02）：11-15，34.

[115] 杨洋，李吉鑫，崔子杰等．节事吸引力感知维度研究[J]. 旅游学刊，2019，34（06）：85-95.

[116] 于世宏．主题事件提升城市形象的长效机制研究[J]. 城市发展研究，2011，18（05）：17-20.

[117] 佘耀锋．中国“品牌新农村”建设指数研究[D]. 浙江大学，2012.

[118] 岳晓溪．基于手绘地图的儿童旅游空间感知探究[D]. 山东大学，2018.

[119] 张东娇，李桂英．知名度、美誉度、定位度：学校形象的评价指标[J]. 教育科学，2006（01）：64-66.

[120] 张岚，赵金凌，李晏墅等．节事活动游客的重游意愿影响因素研究——以上海世博会为例[J]. 南京师大学报（自然科学版），2012，35（03）：118-124.

[121] 张强．民俗旅游节庆品牌化水平评价实证研究[D]. 华中师范大学，2013.

[122] 张涛．饮食旅游动机对游客满意度和行为意向的影响研究[J]. 旅游学刊，2012，27（10）：78-84.

[123] 张洋，甘萌雨，黎宏君．真实性、游客涉入对推荐意愿影响的路径分析——以福州三坊七巷历史文化街区为例[J]. 旅游论坛，2017，10（02）：49-62.

[124] 赵定涛．区域形象设计的原则与方法[J]. 科学学与科学技术管理，2000（06）：45-47.

[125] 赵方方．节会对城市形象的建构与传播研究[D]. 山东大学，2019.

[126] 赵凯越．对北京国际音乐节提升我国文化国际影响力的作用研究[D]. 天津音乐学院，2019.

[127] 赵敏燕，朱少卿，李宇等．基于事件旅游效应理论的张家口冬奥城市发展研究[J]. 城市发展研究，2015，22（08）：15-19.

[128] 郑砚渠．基于主客视角的地方感、满意度对推荐意愿的影响研究[D]. 重庆理工大学，2020.

[129] 张颖慧．赛事形象对目的地形象的影响和两者的契合研究[D]. 上海体育学院，2016.

[130] 张凌云，杨善林．重大事件旅游影响及其可持续发展理论体系建构[J]. 旅游学刊，2014，29（07）：126-128.

[131] 周梦婧．旅游城市品牌竞争力研究[D]. 上海社会科学院，2021.

[132] 朱岑郁．国内户外音乐节运营问题研究[D]. 南京艺术学院，2015.

[133] 朱洪端．城市旅游形象系统的构建及实证研究[D]. 郑州大学，2013.

[134] 朱俊成．城市文化与城市形象塑造研究[D]. 江西师范大学，2006.

[135] 朱铁．基于整合节事营销传播（IEMC）理论的城市节事旅游研究[D]. 厦门大学，2014.

[136] 庄国栋．国际旅游城市品牌竞争力研究[D]. 北京交通大学，2018.

[137] 宗刚，赵晓东．啤酒节对主办城市的影响效益分析——慕尼黑啤酒节与青岛啤酒节的比较[J]. 旅游学刊，2013，28（05）：72-79.

英文

[1] Aaker, D. A. Managing Brand Equity. New York: The Free Press, 1991.

[2] Alireza, E., Erfan, M., Marjan, S. Antecedents and Consequences of Tourists' Satisfaction in Sport Event: Mediating Role of Destination Image. Journal of Convention & Event Tourism, 2020, 21 (2), 123-154.

[3] Anderson, J. C., Gerbing, D. W. Structural Equation Modeling in practice: A Review and Recommended Two-step Approach. Psychological Bulletin, 1988, 103, 411-423.

[4] Andersson,T. D., Getz, D. Stakeholder Management Strategies of Festivals. Journal of Convention & Event Tourism, 2008, 9 (3), 199-220.

[5] Akroush, M. N., Jraisat, L. E., Kurdieh, D. J., Al-Faouri, R. N., & Qatu, L. T. Tourism Service Quality and Destination Loyalty-The Mediating Role of Destination Image from International Tourists' Perspectives. Tourism Review, 2016, 71 (1), 18-44.

[6] Assael, H. F. Consumer Behavior and Marketing Action. Boston: Kent Publishing Co, 1984.

[7] Alyaa, D., Peter, B., 1984. Tourist Destination Reputation: An Empirical Definition. Tourism Recreation Research, 2019, 44 (2), 33-50.

[8] Andrew, S. Tourists, Consumption and Interpretation of Sport Event Image. Journal of Sport Tourism, 2006, (11), 77-100.

[9] Andrew, F., Hayes, K. J. Quantifying and Testing Indirect Effects in Simple Mediation Models When the Constituent Paths Are Nonlinear. Multivariate Behavioral Research, 2010, 45 (4), 627.

[10] Bai, K., Ma, Y. F., You, X. Q. Concepts of Tourism Perception and Tourism Cognition Based on Tourist Behavior Research, Tourism Science, 2008, 22 (1), 22-28.

[11] Baloglu, S., Brinberg, D. Affective Images of Tourism Destinations. Journal of Travel Research, 1997, 35 (4), 11-15.

[12] Baloglu, S., McCleary, K. W. A Model of Destination Image Formation. Annals of Tourism Research, 1999, 26 (4), 868-897.

[13] Baloglu, S., Mangaloglu, M. Tourism Destination Images of Turkey, Egypt, Greece, and Italy as Perceived by US-based Tour Operators and Travel Agents. Tourism Management, 2001, 22, 1-9.

[14] Bao, J. G., Chu, Y. F., Peng, H. Tourism Geography, Beijign: Higher Education Press, 1993.

[15] Baron, R. M., Kenny, D. A. The Moderator-mediator Variable Distinction in Social Psychological Research: Conceptual, Strategic, and Statistical Considerations. Journal of Personality and Social Psychology, 1986, 51 (6), 1173-1182.

[16] Beeho, A. J., Prentice, R. C. Conceptualizing the Experiences of Heritage Tourists: A Case Study of New Lanark World Heritage Village. Tourism Management, 1997, 18 (2), 75-87.

[17] Beerli, A., Josefa, D. M. Factors Influencing Destination Image. Annals of Tourism Research, 2004, 31 (3): 657-81.

[18] Beijing International Urban Development Institute (IUD). China Urban Value Report 2006-2010. Beijing: International Urban Forum 2010 Annual Meeting, First Edition, 2002.

[19] Bigne, J. E., Sanchez, M. I., Sanchez, J. Tourism Image, Evaluation Variables and after Purchase Behaviour: Inter-relationship. Tourism Management, 2001, 22 (6). 607-616.

[20] Bodet, G., Lacassagne, M. F. International Place Branding through Sporting Events: A British Perspective of the 2008 Beijing Olympics. European Sport Management Quarterly, 2012, 12 (4): 357-374.

[21] Bonnemaison, S. City Policies and After a Mega-event. Tourism Management, 1990, 147, 24-32.

[22] Boo, S., Busser, J., Baloglu, S. A Model of Customer-based Brand Equity and Its Application to Multiple Destinations. Tourism Management, 2009, 30 (2), 219-231.

[23] Boulding, K. E. The Image: Knowledge and Life in Society. Ann Arbor MI: University of Michigan Press, 1956.

[24] Boulding, W., Kalra, A., Staelin, R., & Zeithaml, V. A. A Dynamic

Process Model of Service Quality: From Expectation to Behavioral Intentions. Journal of Marketing Research, 1993 (30), 7-27.

[25] Bowen, H., Daniels, M. Does the music matter? Motivations for Attending A Music Festival. Event Management, 2005, 9 (3), 155-164.

[26] Boyce. D., Allen, W. B., Mudge, R. Impact of Rapid Transition Suburban Residential Property Values and Land Development: Analysis of the Philadelphia-Linden Wold High-Speed Line. Philadelphia: University of Pennsylvania, 1972.

[27] Byrne, B. M. Structural Equation Modeling with LISREL, PRELIS, and SIMPLIS: Basic Concepts, Applications, and Programming. Mahwah, NJ: Lawrence Erlbaum Associates, Inc, 1998.

[28] Cable, D. M., Graham, M. E. The Determinants of Job seekers' Reputation Perceptions. Journal of Organizational Behavior, 2000,21, 929-947.

[29] Cai, L. A. Cooperative Branding for Rural Destination. Annals of Tourism Research, 2002, 29 (3), 720-742.

[30] Cai, J. Marketing Tactics of MICE - Taking Chongqing as An Example Major: Tourism Management. Southwest University, 2006.

[31] Carlsen, J., Getz, D., Soutar, G. Event Evaluation Research. Event Management, 2000, 6 (4), 247-257.

[32] Chen, C. F., & Tsai, D. C. How Destination Image and Evaluative Factors Affect Behavioral Intentions. Tourism Management, 2007, 28 (4), 1115-1122.

[33] Chew, E. Y. T., Jahari, S. A. Destination image as a mediator between perceived risks and revisit intention: A case of post-disaster Japan. Tourism Management, 2014, 40, 382-393.

[34] Chhetri, P., Arrowsmith, C., Jackson, M. Determining Hiking Experiences in Nature-based Tourist Destinations. Tourism Management, 2004, 25 (1).

[35] Crompton, J. L. A System Model of the Tourist' s Destination Selection Decision Process with Particular Reference to the Role of Image and Perceived Constraints. Texas A and M University, Texas, 1988.

[36] Crompton, J. L. An assessment of the Image of Mexico as A vacation Destination and the Influence of Geographical Location upon that Image. Journal of Travel Research, 1979, 17, 18-23.

[37] Crompton, J. L. , Ankomah, P. K. Choice Set Propositions in Destination Decisions. Annals of Tourism Research, 1993, 20, 467-476.

[38] Crouch, G. I. , Ritchie, J. R. B. Tourism, Competitiveness, and Soci-etal Prosperity. Journal of Business Research, 1999, 44, 137-152.

[39] Dadgostar. , Isotalo. Factor Affecting Time Spent by Near-Home Tourists in City Destinations. Journal of Travel Research, 1992, 31 (Fall), 34-39.

[40] Daniels, M. J. , Norman, W. C. Estimating the Economic Impacts of Seven Regular Sport Tourism Events. Journal of Sport & Tourism, 2003, 8 (4), 214-222.

[41] De Vries, L. , Gensler, S. , & Leeflang, P. S. Popularity of Brand Posts on Brand Fan Pages: An Investigation of the Effects of Social Media Marketing. Journal of Interactive Marketing, 2012, 26 (2), 83-91.

[42] D' Hauteserre, A. M. Lessons in Managed Destination Competitiveness: the Case of Foxwoods Casino Resort. Tourism Management, 2000, 21, 23-32.

[43] Dichter, E. What is an Image. Journal of Consumer Research, 1985, 13, 455-472.

[44] Dubois, D. , Bonezzi, A. , Angelis, M. D. Sharing with Friends versus Strangers: How Interpersonal Closeness Influences Word-of-mouth Valence. Journal of Marketing Research, 2016, 53 (5) . 712-727.

[45] Dwyer, L. , Mistilis, N. A Framework for assessing "Tangible" and "Intangible" impacts of events and conventions [J] . Event Management, 1999, 6 (3): 175-189.

[46] Dwyer, L. , Kim, C. Destination Competitiveness: Determinants and Indicators. Current Issues in Tourism, 2003, 6 (5), 369-414.

[47] Echtner, C. M. , Ritchie, J. R. B. The meaning and measurement of destination image, the journal of tourism studies, 1991, 2 (2), 2-12.

[48] Efron, B. Bootstrap Methods: Another look at the Jackknife. Annals of Statistics, 1979, 7, 1-26.

[49] Embacher, J. , Buttle, F. A Repertory Grid Analysis of Austria´s Image as A Summer Vacation Destination, Journal of Travel Research, 1989, 28 (3), 3-7.

[50] Enright, M. J. , Newton, J. Tourism Destination Competitiveness: a Quantitative Approach. Tourism Management, 2004, 25, 777-788.

[51] Enrique, M. , Artigas, S. , Vilches-Montero. , Coro, C. Y. Antecedents of Tourism Destination Reputation: The Mediating Role of Familiarity. Journal of Retailing

and Consumer Services, 2015, 26, 233-245.

[52] Evans, G. Hard-branding the Cultural City: From Prado to Prada. International Journal of Urban and Regional Research, 2003, 27 (2), 417-440.

[53] Fang, M. An Examination of Destination Competitiveness from the Tourists' Perspective: The Relationship between Quality of Tourism Experience and Perceived Destination Competitiveness. Virginia Polytechnic Institute and State University, Blacksburg, 2006.

[54] Fakeye, P. C., Crompton, J. R. Image Differences between Prosective, First-time, and Repeat Visitors to the Lower Rio Grande Valley. Journal of Travel research, 1992, 29, 10-16.

[55] Ferrand, A., Pages, M. Image Sponsoring: A Methodology to Match Event and Sponsor. Journal of Sport Management, 1996, 10 (3), 278-291.

[56] Fredline, E., Raybould, M., Jago, L., & Deery, M. Triple Bottom Line Event Evaluation: A Proposed Framework for Holistic Event Evaluation. Sydney: University of Technology, 2005.

[57] Gartner, W. C. Tourism Image: Attribute Measurement of State Tourism Products Using Multidimensional Scaling Techniques. Journal of Travel Research, 1989, 28 (2), 16-20.

[58] Gartner, W. C. Image Formation Process. Journal of Travel and Tourism Marketing, 1993, 2, 191-216.

[59] Getz, D. assessing the Economic Impacts of Festivals and Events, Research Issues. Journal of Applied Recreation Research, 1991, 16 (1), 61-77.

[60] Getz, D. Event Management and Event Tourism. New York: Cognizant Communication Corporation, 1997.

[61] Getz, D. Event Studies: Theory, Research and Policy for Planned Events. Oxford: Elsevier Ltd, 2007.

[62] Getz, D. Event tourism: Definition, Evolution, and Research. Tourism Management. 2008, 29 (3), 403-428.

[63] Getz, D., Page, S. J. Progress and Prospects for Event Tourism Research. Tourism Management, 2016, 52, 593-631.

[64] Gil, S. M., Brent, R. J. R. Understanding the Museum Image Formation Process, A Comparison of Residents and Tourists. Journal of Travel Research, 2009,

47, 480–493.

[65] Gibson, C. Place and Music: Performing "the region" on the New South Wales Far North Coast. Transforming Cultures e Journal, 2009, 4 (1), 60–81.

[66] Goodrich, J. N. A New Approach to Image Analysis through Multidimensional Scaling. Journal of Travel Research, 1978, 16 (3): 3–7.

[67] Green, B. C., Lim, S. Y., Seo, W. J. Effects of Cultural Exposure through Pre-event Media. Journal of Sport & Tourism, 2010, 15 (1), 89–102.

[68] Gunn, C. V. Designing Tourist Regions. Washington DC: Taylor and Francis/University of Texas, 1972.

[69] Gwinner, K. A Model of Image Creation and Image Transfer in Event Sponsorship. International Marketing Review, 1997, 14, 145–158.

[70] Haahti, A. J. Finland's Competitive Position as a Destination. Annals of Tourism Research, 1986, 13, 11 – 33.

[71] Hede, A. – M., Jago, L., Deery, M. Segmentation of Special Event Attendees Using Personal Values. Journal of Quality Assurance in Hospitality & Tourism, 2005, 5 (2–4), 33–55.

[72] Herrero, L., Sanz, J., Devesa, M. The economic impact of cultural events a casestudy of Salamanca 2002, European Capital of Culture. European Urban and Regional Studies, 2006, 13 (1), 41–57.

[73] Henrik, G. L. The "Mental Topography" of the Shanghai City Brand: A Netnographic Approach to Formulating City Brand Positioning Strategies. Journal of Destination Marketing & Management, 2016, 7, 1–12.

[74] Howard, J. A., J. N. Sheth. The Theory of Buyer Behavior. NYC: John Wiley and Sons Inc, 1969.

[75] Joseph, K. M. S., Tek, Y. L., Adriel, K. S. S. Miri City as a Festival Destination Image in the Context of Miri Country Music Festival. Procedia–Social and Behavioral Sciences, 2015, 172, 68–73.

[76] Jose, M., Paulo, A., Jose, A. The Contribution of Cultural Events to the Formation of the Cognitive and Affective Images of a Tourist Destination. Journal of Destination Marketing & Management, 2018, 8, 170–178.

[77] Kaplanidou, K., Vogt, C. The Interrelationship between Sport Event and Destination Image and Sport Tourists' Behaviors. Journal of sport Tourism, 2007, 12

(3/4), 183-206.

[78] Kaplanidou, K., Gibson, H. J. Event Image and Traveling Parents' Intentions to Attend Youth Sport Events: A Test of the Reasoned Action Model. European Sport Management Quarterly, 2012, 12 (1), 3-18.

[79] Kate, S. A China Destination of Some Note: Piano Island. https://edition.cnn.com/travel/article/china-unesco-site-kulangsu/index.html.

[80] Keller, K. L. Strategic Brand Management: Building, Measuring, and Managing Brand Equity. New Jersey: Prentice Hall, 1998.

[81] Keller, K. L. Conceptualizing, Measuring, and Managing Customer-based Brand Equity. Journal of Marketing, 1993, 57 (1), 1-22.

[82] Kelloway, E. K. Using LISREL for Structural Equation Modeling: A Researcher's Guide. Thousand Oaks: Sage Publications, 1998.

[83] Kim, H., Richardson, S. L. Motion Picture Impacts on Destination Images. Annals of Tourism Research, 2003, 30 (1), 216-237.

[84] Kock, F., Josiassen, A., Assaf, A. G. Advancing Destination Image: The Destination Content Model. Annals of Tourism Research, 2016, 61, 28-44.

[85] Konecnik, M., Gartner, W. C. Customer-based Brand Equity for a Destination. Annals of Tourism Research, 2007, 34 (2), 400-421.

[86] Kotler, P., Haider, D. H., Rein, I. Marketing Places: Attracting Investment, Industry, and Tourism to Cities, States, and Nations. New York: Free Press, 1993.

[87] Kotler, P. Marketing Management: Analysis, Planning, Implementation and Control. Upper Saddle River, NJ: Prentice-Hall International Inc, 1997.

[88] Kotler, P., Keller, K. L. Marketing Management. Upper Saddle River, NJ: Pearson Education, 2016.

[89] Kozak, M., Nield, K. The Role of Quality and Eco-labelling Systems in Destination Bench Marking. Journal of Sustainable Tourism, 2004, 12 (2), 138-148.

[90] Lange, D., Lee, P. M., Dai, Y. Organizational Reputation: A Review. Journal of Management, 2011, 37 (1), 153-184.

[91] Lai, K. Influence of Event Image on Destination Image: The Case of the 2008 Beijing Olympic Games. Journal of Destination Marketing & Management, 7 (2), 2016, 153-163.

[92] Laurent, G., Kapferer, J. N., Roussel, F.: The underlying structure of brand awareness scores, Mark. Sci, 14 (3), 170-179.

[93] Lawson, F., Baud-Bovy. Tourism and Recreational Development. London: Architectural Press, 1977.

[94] Lee, S. K., Crompton, J. L. The Attraction Power and Spending Impact of Three Festivals in Ocean City. Event Management, 2003, 8 (2), 109-112.

[95] Lin, J. R. Study on the Contribution of French Theater in the Urban Promotion through the Example of the Avignon Festival. Tamkang University, New Taipei City, 2011.

[96] Liu, Y. D. Cultural Events and Cultural Tourism Development: Lessons from the European Capitals of Culture. European Planning Studies, 2014, 22, 498-514.

[97] Lin, Y., Huang, J. Internet Blogs as A Tourism Marketing Medium: A Case Study. Journal of Business Research, 2006, 59 (10-11), 1201-1205.

[98] Lorenzini, E., Calzati, V., Giudici, P. Territorial Brands for Tourism Development. Annals of Tourism Research, 2011, 38 (2), 540-560.

[99] Luo, H. Y. Kotler Explore Greater asia: Crowds, Money and Place. Taipei: Shang Zhi Press, 2002.

[100] Lynch, K. The Image of the City. Cambridge: M. I. T, 1960.

[101] Ma, B. L., Su, L. J. Study on the Relationship between Tourist Destination Reputation and Tourist Loyalty. Economic Geography, 2014, 34 (08), 173-179.

[102] Ma, M. C. Reputation and Its Business Strategy. Advertising Observatory, 1995, 60 (5), 12-13.

[103] Maria, J. C., Celeste, E., Marisa P. An Expenditure Patterns Segmentation of the Music Festival' Market.. International Journal of Sustainable Development, 2011, 14 (3/4).

[104] Markin, R. Consumer Behavior: A Cognitive Orientation. New York: Macmillan, 1974.

[105] Matthew, L., Ron, D. A Process Model of Small and Medium Enterprise Sponsorship of Regional Sport Tourism Events. Journal of Vacation Marketing, 2008, 14 (3), 253-266.

[106] Maruyama, G. M. Basics of Structural Equation Modeling. California: Sage Publication, 1998.

[107] Mc Cracken, G. "Who is the Celebrity Endorser? Cultural Foundations of the Endorsement Process", Journal of Consumer Research, 1989, 16, 310-321.

[108] Mckercher, B., Du Cross, H. Cultural tourism. The Partnership between Tourism and Cultural Heritage Management. NY: The Haworth Hospitality Press, 2002.

[109] Mckercher, B. Towards a taxonomy of tourism products. Tourism Management, 2016, 54, 196-208.

[110] Mihalic, T. Environmental Management of A Tourist Destination: A Factor of Tourism Competitiveness. Tourism Management, 2000, 21 (1), 65-78.

[111] Monga, M. Measuring Motivation to Volunteer for Special Events. Event Management, 2006, 10 (1), 47 -61.

[112] Moutinho, L. Consumer Behavior in Tourism. European Journal of Marketing, 1987, 21 (10), 43-44.

[113] Mumford, L. The City in History: Its Origins, Its Transformations and Its Prospects CCC. New York: Harcourt Brace Jovanovich Company, 1961.

[114] Murphy, P., Pritchard, M. P., Smith, B. The destination Product and Its Impact on Traveller Perceptions. Tourism Management, 2000, 21 (1), 43-52.

[115] Myers, J. G. Consumer Image and Attitude. Institute of Business and Economic Research, 1968, 35-66.

[116] O' Sullivan, D., Jackson, M. J. Festival Tourism: A Contributor to Sustainable Local Economic Development? Journal of Sustainable Tourism, 2002, 10 (4), 325-342.

[117] Paulo, D., Jose, A., Measurement of the Impact of Music Festivals on Destination Image: The Case of a Womad Festival Event Management. Event Management, Vol. 2018, 22, 517-526.

[118] Parasuraman, A., Zeuthaml, V., Ben, L. Reassessment of Expectations as A Comparison Standard in Measuring Service Quality: Implications for Further Research. Journal of Marketing, 1994, 58 (1), 111-124.

[119] Phelps, A. Holiday Destination Image — the Problem of assessment: An Example Developed in Menorca. Tourism Management, 1986, 7 (3), 168-180.

[120] Pike, S., Chris, R. "Destination Positioning Analysis through a Comparison of Cognitive, Affective, and Conative Perception." Journal of Travel Research, 2004, 42 (4), 333-342.

[121] Porter, M. E. Competitive Strategy: Techniques for Analyzing Industry and Competitors. New York: The Free Press, 1980.

[122] Relph, E. Place and Placelessness. London: Pion Ltd, 1976.

[123] Prentice, R. C., Guerin, S., McGugan, S. Visitor Learning at a Heritage Attraction, A Case Study of Discovery as A Media Product, Tourism Management, 1998, 19 (1), 5-23.

[124] Qu, H., Kim, L. H., Im, H. H. A Model of Destination Branding: Integrating the Concepts of the Branding and Destination Image. Tourism Management, 2011, 32 (3), 465-476.

[125] Quinn, B. Problem Atising "Festival Tourism": Arts Festivals And Sustainable Development in Ireland. Journal of Sustainable Tourism, 2006, 14 (3), 288-306.

[126] Raynolds, W. H. The Role of Consumer in Image Building. California Management Review, 2005, 7 (3), 69-76.

[127] Richards, G., Wilson, J. The Impact of Cultural Events on City Image: Rotterdam, Cultural Capital of Europe 2001. Urban Studies, 2004, 41 (10), 1931-1951.

[128] Ritchie, J. R. B., & Smith, B. The Impact of A Mega-event on Host Region Awareness: A Longitudinal Study. Journal of Travel Research, 1991, 30 (1), 3-10.

[129] Ritchie, J. R. B., & Crouch, G. I. Competitiveness in International Tourism: A Framework for Understanding and Analysis. Proceedings of the 43rd Congress of the association International Experts Scientist Tourism, San Carlos Bariloche, Argentina, 1993, 72-73.

[130] Ritchie, J. R. B., Crouch, G. I. The Competitive Destination: A Sustainable Tourism Perspective. Cambridge: CABI Publishing, 2003.

[131] Ravald A., Gronroos, C. The Value Concept and Relationship. European Journal of Marketing, 1996, 30 (2), 19-30.

[132] Rivero, C. Impacts of Music Festivals on Tourists' s Destination Image and Local Community. Case Study: Womad and Contempopranea Festivals in Extremadura. Bournemouth University, Bournemouth, UK, 2009.

[133] Robinson. Implementing Ideas in Festival Tourism: Locations, Partnerships and Possibilities. Taipei: National Taipei University of Education, 2009.

[134] Roberts, P. W., Dowling, G. R. Corporate Reputation and Sustained Superior Financial Performance. Strategic Management Journal, 2002, 23, 1077-1093.

[135] Rodoula, T., Vanessa, R. F. F. Future Research Directions in Tourism Marketing. Marketing Intelligence & Planning, 2010, 28 (4), 533-544.

[136] Russell, J. A., Sondgrass, L. Emotion and Environment, Handbook of Environmental Psychology. New York: John Wiley, 1987.

[137] Schneider, I., Sonmez, S. Exploring the TouristicImage of Jordan. Tourism Management, 1999, 20 (4), 539-542.

[138] Schumacker, R. E., Lomax, R. G. A Beginner's Guide to Structural Equation Modelling. Mahwah, New Jersey: Lawrence Erlbaum Associates Publishers, 1996.

[139] San, M. H., Ignacio, A., Rodriguez del Bosque. Exploring the Cognitive-Affective Nature of Destination Image and the Role of Psychological Factors in Its Formation. Tourism Management, 2008, 29 (2): 263-77.

[140] Sethi, V., King, W. Development of Measures to Assess the Extent to Which An Information Technology Application Provides Competitive Advantage. Management Science, 1994, 40, 1601-1624.

[141] Shao, G. J., Wang, G. Q. The Evaluation Index Selection of Tourism Destination Competitiveness. Agriculture Economy, 2014, (1), 50-52.

[142] Sherwood, P., Jago, L., Deery, M. Sustainability Reporting: An Application for the Evaluation of Special Events. Brisbane: In C. Cooper, et al. (Eds.), 2004.

[143] Shi, C. Y., Zhang, J., You, H. M. Structural Equation Model for Tourism Destination Competitiveness from Tourists' Perception Perspectives. Geographical Research, 2008, 27, (3), 703-714.

[144] Shimp, T. A. Promotion Management and Marketing Communications. Fort Worth: 3rd Ed Dryden Press, 1993.

[145] Shirish, C. S., Shalini, C. Social Presence in Virtual World Collaboration: An Uncertainty Reduction Perspective Using A Mixed Methods Approach. MIS Quarterly, 2018, 42 (3), 779-803.

[146] Short, J R., Breitbach, S., Buckman, S., Essex, J. From World Cities to Gateways Cities. City, 2000, 4 (2000), 317-340.

[147] Simon, H., & Rupat, H. Engaging with Consumers Using Social Media: A Case Study of Music Festivals. International Journal of Event and Festival Management, 2013, 4 (3), 206-223.

[148] Simeon, M., Buonincontri, P. Cultural Event as A Territorial Marketing Tool:

The Case of the Ravello Festival on the Italian Amalfi Coast. Journal of Hospitality Marketing & Management, 2001, 20 (3-4), 385-406.

[149] Solomon, M. Consumer Behavior. NJ: Prentice Hall, 1998.

[150] Son, A. The Measurement of Tourist Destination Image: Applying a Sketch Map Technique, International Journal of Tourism Research, 2005, 7, 279-294.

[151] Stern, E. , Krakover, S. The Formation of a Composite Urban Image. Geographical Analysis, 1993, 25, (2), 130-146.

[152] Su, L. J. , Huang, F. C. Tourism Destination Social Responsibility, Reputation, Identity and Tourist Loyalty. Journal of Tourism, 2012, 7 (04), 1-10.

[153] Valle, P. O. , Mendes, J. , Guerreiro, M. Residents' Participation in Events, Events Image, and Destination Image: A Correspondence Analysis. Journal of Travel & Tourism Marketing, 2012, 29 (7), 647-664.

[154] Vanolo. The Image of the Creative City: Some Reflections on City Branding in Turin, Cities, 2008, 25, 370-382.

[155] Vaughan, R. Image of a Museum. Museum Management and Curatorship, 2001, 19 (3), 253-268.

[156] Vivant, E. Who brands whom? The Tole of Local Authorities in the Branching of Art Museums. Town Planning Review, 2011, 82 (1), 99-115.

[157] Wan, C. The Impact of Taichung Jazz Festival on City Marketing and Tourism Development. National Taiwan University, Taipei, 2015.

[158] Wang, C. Y. , Li, W. J. , Feng, Z. J. The Influence of Tourism Destination Social Responsibility on Tourism Destination Brand Equity: Mediating and Moderating Mechanism. Journal of Tourism. 2020, 35 (06), 109-124.

[159] Wood, E. H. Evaluating Event Marketing: Experience or Outcome. Journal of Promotion Management, 2009, 15, 247-268.

[160] X. Y. , Chalip, L. Effects of Hosting a Sport Event on Destination Brand, A Test of Co-branding and Match-up Model. Sport Management Review, 2006, 9 (1), 49-78.

[161] Yamane, T. , Statistics: An Introductory Analysis, 3rd ed. New York: Harper and Row, 1973.

[162] Yi, Ni, Tsai. An Investigation into the Relationship between Destination Image and Music Festival-A Case Study of 2010 Taichung Jazz Festival. National Taipei University of Education, Taipei, 2011.

[163] Yoon, Y., Uysa, M. An Examination of the Effects of Motivation and Satisfaction on Destination Loyalty: A Structural Model. Tourism Management, 2005.

[164] Zheng, L. Report on the development of China's music and Performing Arts Industry. Blue Book of Cross Strait Creative Economy. Beijing: Social Science Academic Press (China). New York: Harcourt Brace Jovanovich Company, 2018.